U0939296

中国历史轻松阅读系列

江月◎编著

中国纺织出版社

内 容 提 要

从东汉末年，我国进入了历史上的第二次大乱世即三国两晋南北朝，三国则是这次大乱世的序幕。它开始于公元220年曹丕受禅称帝，结束于公元280年的晋灭东吴。但也有些人把三国的历史上溯到公元184年黄巾起义，其实也不为过，毕竟从那时开始，进入了三国形成的时期。《三国其实很有趣儿》这本书就是想让大家能从历史的角度去看一看真正的三国，引起青少年朋友们探寻三国的兴趣。

图书在版编目（CIP）数据

三国其实很有趣儿 / 江月编著 .—北京：中国纺织出版社，2011.9（2021.6重印）

（中国历史轻松阅读系列）

ISBN 978-7-5064-7571-6

Ⅰ.①清… Ⅱ.①江… Ⅲ.①中国历史-三国时代-青年读物②中国历史-三国时代-少年读物 Ⅳ.①K249.09

中国版本图书馆CIP数据核字（2011）第108832号

策划编辑：李秀英 曹炳镝　责任编辑：白 晓　责任印制：陈 涛

中国纺织出版社出版发行

地址：北京市东直门南大街6号　邮政编码：100027

邮购电话：010-64168110　传真：010-64168231

http://www.c-textilep.com

E-mail: faxing@c-textilep.com

河北鹏润印刷有限公司印刷　各地新华书店经销

2011年9月第1版　2021年6月第2次印刷

开本：710×1000 1/16 印张：15

字数：145千字　定价：49.80元

前 言

东汉末年，我国进入了历史上的第二次大乱世即三国两晋南北朝，三国则是这次大乱世的序幕。它开始于公元220年曹丕受禅称帝，结束于公元280年的晋灭东吴。但也有些人把三国的历史上溯到公元184年的黄巾起义，其实也不为过，毕竟从那时开始，进入了三国形成的时期。

三国之中，曹魏主要控制着当时经济最发达的黄河流域以及我国现在的东北、西北等地区，是三国中疆域最大、各方面实力最强的国家；东吴主要控制着我国现在的长江以南等地区；蜀汉在我国的西南部，控制着现在的四川、云南、贵州等地区，是三国中国土最小的国家。东汉末年，群雄割据，众多有实力的人都试图建立自己的霸业，而曹操、刘备、孙权在这些人当中逐渐脱颖而出，他们三人分别建立了魏、蜀、吴三国。从东汉末的天下大乱到三国的局部统一，这是历史的进步。虽然不是全国的统一，但比起汉末的大乱来说已经是很不错的了。三国之间，蜀汉、东吴都占有天然的有利地形，因此阻挡住了曹魏对他们的进攻，再加上三国之间各自都有一批实力相近的文臣武将，所以领导集团的智力水平也不相上下。这就导致了三国都很注重内部的建设和开发，尤其是蜀汉和东吴，由于占据着当时经济不是很发达的区域，为了和曹魏的强大经济实力抗衡，特别注重对本国的开发。其中，诸葛亮对西南地区的开发，孙权对我国南方广大地

区的开发，都为我国经济水平的平衡发展作出了杰出的贡献。特别是孙权对江南的开发，是我国经济重心向南发展的开始，历史影响尤为深远。

在军事战争方面，三国之间战争频繁，武将之间比拼智谋，上演了一幕幕纵横交错、波澜壮阔的历史画面，后人从中学到了很多的兵法智谋知识。尤其是历史小说《三国演义》把这段时期的军事战争、外交手段展现得淋漓尽致，为我国积累了宝贵的传统文化财富，即使是现代社会仍有很多人在孜孜不倦地研究这段历史，并从中获益。

在文化艺术方面，三国虽然存在时期并不长，但仍然有不少贡献。“三曹”、“建安七子”、“竹林七贤”都在文学上取得了很高的成就。“三曹”中曹操的《短歌行》、《观沧海》，曹丕的诗文如《燕歌行》、《典论》，曹植的《洛神赋》等在我国文学史上都很著名。另外在书法上，魏国的钟繇与东晋书圣王羲之并称为“钟王”，可见其书法地位的崇高。这一切都为以政治军事战争为主的铁血三国史加入了一丝柔情，证明了历史仍旧在发展、进步。

我们编写这本三国史就是想让大家能从历史的角度去看一看真正的三国，引起读者朋友们探寻三国的兴趣。

目录

第一章
落日残照下的东汉王朝

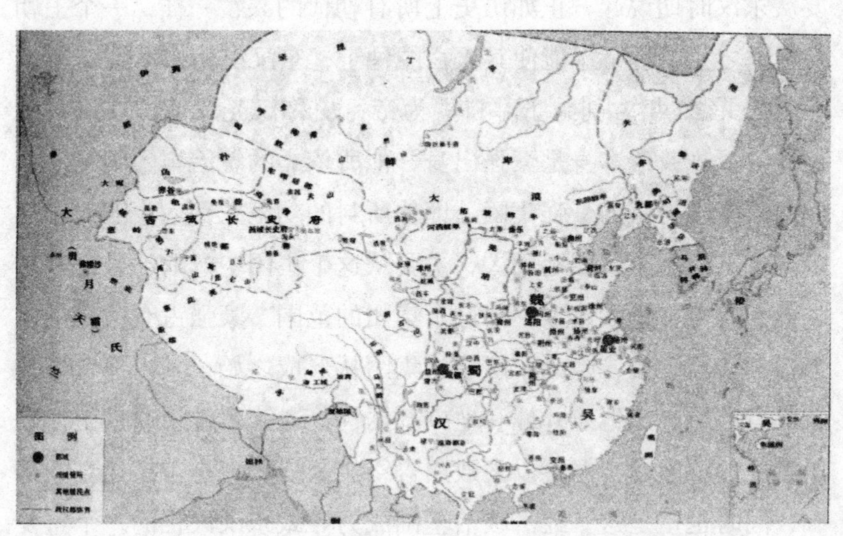

一、幼主登基，外戚干政

三国时期是中国历史上一个由大统一转为长期分裂，又由长期分裂转为短暂统一的历史转折时期。追述三国鼎立形成的原因要从东汉时期说起，正如历史上所有朝代的兴亡一样，一个王朝从建立之始就埋下了能使其灭亡的种子，东汉王朝亦不例外。

公元 25 年，刘秀于鄗自立为帝，史称汉光武帝，东汉自此建立。汉光武帝本身是豪强出身，他所依靠的统治集团则是一个以南阳豪强为主的豪强集团，即他所封的功臣三百六十五人，外戚四十五人。东汉朝廷用人，主要从这个集团中选取，皇室宗室的男女嫁娶，也大体上不出这个集团的范围。豪强占有大量土地人口，垄断官位，因此东汉统治集团从形成之始，其内部各豪强就具有严重的土地兼并性和地方割据性。光武帝曾想通过土地政策解决这一问题，但终以失败而告终。豪强势力是东汉建立的基础，同时也正是这一经济政治基础成为导致东汉灭亡的一个重要原因。豪强势力在东汉刘氏统治时期不断膨胀，到东汉中后期与外戚相互利用，黄巾起义之后，终借农民起义的力量挣脱了皇权的束缚，各方豪强割据一方，致使东汉政权名存实亡，华夏大地由形式上的一统演变为群雄逐鹿的分裂局面。而后又经过大小豪

强之间的不断兼并，到公元 220 年曹丕逼汉献帝刘协退位篡汉建魏，遂始三国鼎立。

不过在汉光武帝和他的继承人汉明帝在位时，他们惩治不法官吏却很严厉，且赋税徭役较轻，对外战争较少，“天下安平，百姓殷富”，使国家在经王莽之乱后，政治稳定，得以休养生息，从而奠定了东汉近二百年的国家基石。明帝去世后，汉章帝改变了汉明帝的“严切”政治，时人称他为“宽厚长者”。汉章帝死后，东汉政治便进入黑暗时期。在章帝以后，东汉的皇帝多幼年继位，东汉的动荡也由此开始；距皇权最近、得到宽厚待遇的外戚与宦官有了可乘之机，先后掌权，围绕着皇权展开了一场场血腥斗争。所以说东汉的衰落与动荡始于章帝以后的和帝，其表现形式就是外戚与宦官的轮流专政。

东汉王朝在选妃上采用“采女制”，这也为外戚专权创造了条件。所谓东汉的“采女制”，简单地说就是帝王在选妃上为了能跟帝室门当户对，在每

刘秀像

年的八月都由中大夫、掖庭臣、相工到洛阳附近乡里巡视，按照标准察访德才兼备的良家童女。由于洛阳一带是名门大族和功臣列侯们的聚集地，这样就使得良家童女基本上是从这些高门大族中选拔出来。而这些出自高门大族中的某一位良家童女一旦成为皇后，其本就有着雄厚势力的娘家人也就自然而然成为她强大的靠山。所以，在东汉朝廷内，当皇帝有所作为、势力强大时，就是帝党、外戚和官僚三派协调掌控政权；而当皇帝的势力衰弱时，政权就落入了代表大官僚利益的外戚手中。

东汉第一位专权的外戚是大将军窦宪。章帝去世后，年仅十岁的和帝继位。皇帝年幼，自然需要太后辅政，于是太后窦氏临朝，重用其兄长窦宪，皇权就落到了窦氏一门的手中。说到这里，应该言明，在历史上从来就没有绝对的必然。尽管东汉朝廷以豪强势力为基础，“采女制”又使豪强与皇族紧密地联系到了一起，使外戚专政具备了客观条件，但这并不等于说就一定要产生外戚专政。在窦太后之前有光武帝的郭皇后、阴皇后和汉明帝的马皇后，当然，郭皇后早废，而光武帝身为开国之君，地位不可动摇，所以光武帝统治时期外戚不可能专政，郭皇后与阴皇后也就不在考虑范围内。尽管如此，只以明帝的马皇后与窦太后比较，也可看出外戚专政的出现与代表皇权、处于权力巅峰之人的人格特性是有着直接关系的。

马皇后是东汉伏波将军马援的小女儿。马援在率汉军征五溪蛮时，遇险受阻，因不适应暑气而导致士兵伤亡过重，六十多岁的马援本人也于军中病逝。马援生前与外戚虎贲中郎将梁松有隙，马援一死，梁松即向光武帝谗言马援，马家宾客友人为此纷纷避嫌，由此马家随着马援的死而失势。在马皇后还不到十岁的时候，她的母亲又因她的兄长客卿的早亡，也悲伤过度地去世

了。也或许正是由于这样的家族变故吧，年幼的马皇后过早地成熟了起来，刚刚十岁就“干理家事，敕制僮御，内外咨禀，事同成人”了。但不管她是一个多么懂事出众的孩子，女儿身这一事实是无法改变的。失去父母的庇护，身处败落的高门贵族，她的命运就无法由自己来把握了。在她十三岁的时候，堂兄马严解除了马家与窦氏的婚约，将她同两个姐姐一起送入了宫中。从此，她从一个普通少女变成了皇家的女人，她的命运与刘氏的江山联系到了一起。应该说，她是幸运的，她被送入了太子的宫中，并以她的聪明乖巧、才貌双全，赢得了当时的皇后阴丽华的喜爱。当刘秀驾崩，显宗孝明皇帝刘庄即位后，她顺利地被册封为贵人，后又以“德冠后宫”的殊荣被立为皇后。

马皇后并无子嗣。恰巧她的姨表亲贾氏也被选入了宫，还生有一子。显宗就令马皇后抚养了这个孩子，也就是后来的肃宗章帝。从这里，也可看出马皇后与显宗的感情十分好。显宗去世后，章帝即位，马皇后变成了马太后。建初元年，章帝想要给他的三个舅舅封爵。东汉与西汉不同，西汉是“非刘氏不得封侯”，而东汉的建立多依赖于豪强，外戚正是出自于豪强之中。册封外戚，在东汉之始，便由刘秀开了先河。但马太后知道肃宗的打算后并不同意。第二年夏，出现了大旱，有些大臣就说这是不封外戚的缘故，应该依照旧典对马太后的三个兄长马廖、马防、马光给予封爵。在《后汉书》中详细地记录了当时马太后对于此事的回答，她说:“凡言事者皆欲媚朕以要福耳。昔王氏五侯同日俱封，其时黄雾四塞，不闻寸雨之应。又田蚡、窦婴，宠贵横恣，倾覆之祸，为世所传。故先帝防慎舅氏，不令在枢机之位。诸子之封，裁令半楚、淮阳诸国，常谓‘我子不当与先帝子等’。今有司奈何欲以马氏比阴氏乎！”由

此可见，马太后是一个一心守护刘氏江山的人。尽管在马太后死后，马廖、马防日渐跋扈，但由于马太后生前对马氏族人的限制，马氏的力量不足以对刘氏皇权造成威胁，马廖、马防兄弟的骄纵因此并没有升级到乱政的程度。

和帝即位时只有十岁。马太后去世后，窦太后辅政。窦太后与马太后的性格截然不同。如果说马太后是一个贤惠勤俭的人，那么窦太后则是一个极为热衷权力的人。窦太后与马太后一样不能生育。在窦太后还是皇后的时候，因她膝下无子，于是章帝立宋贵人子刘庆为太子。窦皇后为此嫉恨宋贵人，用尽种种手段，迫使章帝废掉了刘庆。但她自己终究生不出孩子，恰在这时梁贵人生下了一个男孩，窦皇后就先把梁贵人诬陷致死，随后将梁贵人的男孩收为养子，这个孩子就是汉和帝刘肇。和帝继位后，窦太后临朝，她的哥哥大将军窦宪权倾朝野。

窦太后画像

但外戚毕竟不是江山的正统继承人。和帝年长以后，他在宦官郑众等人的帮助下诛杀了窦宪，肃清了窦氏一党。公元106年，和帝崩，殇帝立。殇帝是一个还在襁褓中的婴儿，

在位不到百天就死去了。邓太后临朝，迎立清河王的儿子刘祜，是为安帝。邓太后临朝十五年，邓太后崩后，安帝亲政，任用阎皇后的哥哥阎显，又宠信宦官和乳母王圣，政治紊乱。阎皇后无子，后宫李氏生子保，被安帝立为太子。阎皇后于是谮杀李氏而后又进谗言，使安帝废了刘保。公元 125 年，安帝在去宛城的道上驾崩。陪同安帝的阎皇后秘不发丧，迅速回到洛阳，迎立章帝之孙北乡侯刘懿为帝。刘懿在位的当年就死了。阎皇后又想秘不发丧，挑选傀儡皇帝，以把持朝政。但这次就没那么幸运了，宦官孙程等首先动手，将废太子刘保迎了回来，立为皇帝，是为顺帝。在这次宫廷政变后，孙程等十九名宦官皆被封侯。顺帝并不信任宦官，他任用梁皇后的父亲梁商为大将军。梁商死后，顺帝又改用皇后的哥哥梁冀。

梁冀骄淫纵恣，他是东汉外戚专权的代表人物。公元 144 年，顺帝崩，只有两岁的刘炳被立为帝。但刘炳只在位半年就驾崩了。梁冀就在皇族中找了一个八岁的孩子接替，是为质帝。

质帝虽然年幼，却十分聪明。他知道梁冀居心叵测，对他的蛮横行为很看不惯。有一次，质帝在朝堂上当着文武百官的面对梁冀说：“你可真是个跋扈的将军啊！”梁冀听后，便对质帝起了杀意。暗中令人毒死了小皇帝。质帝死后，朝中重臣李固、杜乔等人联名请求立清河王为帝。清河王为人严明，很有声望。梁太后和梁冀在宦官曹腾等人支持下，逼死清河王，拥立十五岁的刘志为帝，是为桓帝。梁冀又迫使桓帝娶了自己的另一个妹妹为皇后，梁氏家族的地位由此得到巩固。

梁冀把持朝政近二十年，其为人可谓无法无天。梁冀的兄弟和儿子都被封为万户侯，他的妻子被封为襄城君。官吏升迁调动都要先到梁家谢恩，然后才敢到朝廷办手续。梁冀喜欢兔子，在

河南城西造了一个兔苑，命令各地交兔子，并在兔子身上烙上记号，声明：谁要是伤害他家兔苑里的兔子，就是犯下了死罪。有个西域到洛阳来的商人不知道这个禁令，打死了一只兔子。为了此案，竟株连十多个人丢掉了性命。梁冀还把几千个良家女子以“自卖人”的身份抓来作为奴婢，其行径连土匪都为之不齿。

最后梁冀跟汉桓帝的矛盾终于激化到了不可收拾的地步。公元 159 年，桓帝的梁皇后去世，桓帝便和宦官单超、徐璜等五人合谋消灭梁冀。他们趁梁冀派亲信进朝监视的机会，说这些人私自入宫廷图谋不轨，然后发动羽林军一千多人包围了梁府，将梁家男女老少斩尽杀绝。正是多行不义必自毙，梁冀在这种情况下只好服毒自杀。桓帝没收了梁冀的大将军印，被抄的梁冀家财竟有三十多亿钱，而因此案被牵连的人就更多了，朝廷高官几乎全被罢免。但汉朝的政治并没因梁冀的死而好转。不久，宦官单超等五人于同一天被封侯，世称为“五侯”。正是“一将军死，五将军出”，从此宦官得以独揽大权，东汉政治进入了另一个昏聩的时期。

二、宦官专政与党锢事件

外戚、宦官交替专权，是东汉统治集团专制制度的必然结果。专制制度使权力集中在皇帝手中，皇帝成为一切权力的化身，于是便给了最靠近权力的外戚与宦官以可乘之机。外戚往往利用皇帝幼小而掌握朝政，宦官又利用消除外戚的机会掌权，东汉的统治就在这种腐败的政治中逐渐趋于瓦解。

东汉宦官干涉朝政始于郑众。窦宪专权，和帝利用宦官郑众

彩色卷本绘画《三国演义》

掌握的禁军力量清灭了窦氏势力，成功地夺回了政权。郑众虽为阉人，但为人甚有气度，才谋兼备，处事不居功自骄。和帝因郑众之功而封他为侯，从此开创了东汉宦官封侯的先例。汉殇帝死后，只有十三岁的安帝继位，邓太后临朝，邓骘辅政。邓太后从窦家的失败里取得了一些经验，她并用外戚和宦官，但在形式上依旧偏重于外戚。公元 121 年，邓太后死，汉安帝终于得到了实际的权力，他登基后立刻着手打击邓氏一党，与宦官一起捕杀邓家人。在这一次政权更替中，宦官取得了更多的实际利益，他们得势以后，引用失意官僚与下层豪强做官，作为自己的徒党，从而成为下层豪强的靠山。

公元 125 年，汉安帝死，幼童北乡侯继位，阎太后临朝，阎显掌权。他们迅速杀逐汉安帝所宠信的宦官，以确立自家的地位。但阎家专权不过几个月而已，因为不久北乡侯就病死了。宦官孙程等十九人于是开始了反扑，趁机杀死了阎显，拥立起了当时只有十一岁的汉顺帝。接下来，孙程等十九人都被封了侯，于是宦官势力就又大进了一步。从此，他们不再只做地方官，此时的宦官已能兼做朝官，传爵给养子，荐举他人做官了。于是“无功小人，皆有官爵”，宦官本代表着下层豪强的利益，这样下层豪强不合法的仕进形式取得了合法地位。

公元 144 年，汉顺帝死。公元 147 年，刚刚十五岁的汉桓帝被推上了帝位。梁太后临朝，政权落到了梁家人手中，于是梁冀掌管朝政。梁太后依旧并用外戚和宦官，同时她也尚儒学，招募太学生多至三万余人。梁太后还重用以胡广为首的典型官僚。胡广与宦官通婚姻，又与名士相交结，荐举陈蕃等人，是官僚集团的代表人物。梁太后选用这一派官僚，就使得外戚、宦官与士大夫三派各行其是，取得了相当的均衡。但随着梁太后的死，这种

平衡还是被打破了。公元159年，梁太后病逝不久，汉桓帝就与宦官联手杀死了梁冀。随后，汉桓帝又捕杀了梁家重要徒党，从三公、九卿至州刺史、郡太守，凡此数十人，无一幸免；此后汉桓帝又斥逐了次等徒党三百余人，一时间，朝官几乎空了。自此，从梁冀死后至公元167年桓帝病逝这段时间里，东汉宦官势力几乎达到了独霸政权的地步。内外重要官职多被宦官把持，以至于宦官势力“虐遍天下，民不堪命”。

代表下层豪强利益的宦官掌权以后，本无仕进资格的下层豪强政治地位迅速提升，打破了东汉政权原有的统治秩序，上层豪强和通过正常仕进途径晋升的官僚大夫们与宦官的矛盾由此进一步激化。公元165年，代表士大夫利益的耿直派官僚陈蕃做了太尉，名士李膺做了司隶校尉。不久，有人向李膺告发宦官张让的兄弟——县令张朔贪污勒索，李膺于是下令查办张朔。张朔听到消息后逃到洛阳，躲进了张让家里。李膺知道后亲自带领公差到张让家搜查，在张家的夹墙里搜出了张朔，把他逮捕。张让此时还不想把事情闹大，他立刻托人去求情，可不承想李膺已经雷厉风行地把张朔杀了。张让向汉桓帝哭诉此事，桓帝知李膺的矛头虽然指向宦官，但张朔也确实有罪，也就对此事不闻不问了。而李膺的名气则因此迅速提升，以致在当时，读书人都以受到李膺的接见为荣，时称“登龙门”。可这样一来，宦官与士大夫之间的冲突就闹到了不可收拾的地步。

第二年，有一个叫张成的方士和宦官来往密切。从宦官侯览那里，张成得知朝廷马上要颁布大赦令，就纵容儿子杀人，打算事后装神弄鬼，假装作出预测，以让更多的人相信他的神仙方术。李膺得知后马上把张成的儿子逮捕起来，准备法办。第二天，大赦令下来了，李膺因知道张成是故意纵子杀人，所以还是

把张成的儿子砍了头。张成没料到李膺竟然不忌惮皇帝的特赦，就找到宦官侯览、张让，求他们替他报仇。三人商量后，向汉桓帝诬告李膺和太学生、名士结成一党，诽谤朝廷，败坏风俗。汉桓帝本就袒护宦官，于是听取了诬告之词，下令逮捕党人，一场宦官针对官僚士大夫的清洗由此开始。除李膺之外，还有杜密、陈寔和范滂等二百多人，都被以党人的罪名抓捕。

被捕的党人在监狱里被宦官施以残酷的折磨。他们的头颈、手、脚都被上了沉重的刑具，然后一个挨一个地被蒙住头拷打。一年多后，颍川人贾彪，到洛阳替党人申冤。汉桓帝皇后窦氏的父亲窦武代表着外戚的利益，他与太学生、士人一向交好，此时就趁机上书要求释放党人。而李膺在狱中也采取以攻为守的办法，他故意招出了好些结交士人的宦官子弟，说他们也是党人。宦官们害怕受到牵连，同时也觉得再进一步让形势恶化下去会无法控制，于是劝说汉桓帝大赦，把两百多名党人全部释放了。但这些党人都被遣归故里，禁锢终身，不准入朝为官，这就是第一次党锢事件。

李膺像

公元 167 年，汉桓帝死，十二岁的刘宏被推上了皇位，是为灵帝。灵帝即位，窦太后临朝，大将军窦武掌权，他立刻联合耿

直派官僚太傅陈蕃与被禁锢的党人，企图一举消灭宦官势力。但宦官曹节等先发制人，发动宫廷政变，劫持窦太后，挟制灵帝，使窦武兵败自杀，陈蕃也被捕死于狱中。公卿百官中陈、窦两派的官僚全部被免官禁锢。公元169年，士大夫张俭揭发宦官的爪牙为非作歹，宦官反倒打一耙，并趁机大兴党狱，李膺等一百多人遭牵连被捕，死于狱中。几年后，曹鸾上书为党人诉冤，灵帝反而重申党禁，命令抓捕一切与党人有关之人，一下子，太学生被捕一千余人，禁锢六七百人，党人五服之内亲属以及门生故吏中凡有官职的人全部被免官禁锢。东汉的第二次党锢之祸的大致情况就是这样。第二次党锢之祸对士族的打击是惨重的，内外官职几乎全部被宦官集团占据了，东汉宦官势力至此达到巅峰。直到黄巾起义爆发，汉灵帝被迫赦免党人，第二次党锢才告结束。但宦官、外戚与士大夫官僚经过这样多次的斗争后，东汉王朝已元气大伤，气数将尽了。

三、汉灵帝卖官鬻爵

东汉灵帝是历史上出名的昏君，他的荒淫无耻，可谓罄竹难书。汉桓帝死后，只有十二岁的汉灵帝被推上了历史舞台。十二岁的他实在是做不了什么事情，可就在他还没弄懂周边是什么状况的时候，他的名字就已经和血腥联系到了一起。随着窦武、陈蕃诛杀宦官的失败，他的生命就完全被宦官所控制。也许，也正是因为经历了那场宫廷政变，他才明白了自己所处的位置——要想保全性命与地位，就必须要取悦宦官。

所以，在以后的党锢中，他的态度是明朗的，是积极维护宦官的，因为宦官希望他这么做，他不这么做也没有反抗的能力。汉灵帝生前常挂在嘴边的一句话就是："张常侍是我爹，赵常侍是我妈!"这是他对宦官势力屈服所作的明确表态，也正是这种明确的态度，令宦官们十分满意。宦官们是无根之人，不能篡国称帝，他们所希望的正是有汉灵帝这样一个听话的"主子"。或许就是这些原因，灵帝才能平安地长大，没有如质帝那样早早地死去。

随着年龄的增长，汉灵帝在生活上更加腐化堕落。他明白，正事他是做不了的，如果不能做正事又摆出一副想做正事的模样，就是很危险的，所以正事做不了就要去做不正之事，而不正

之事做得越好，他也就越安全。作为名义上的天下之主，想要办正事不容易，想要办不正之事却是有着得天独厚的条件。《后汉书》中对汉灵帝的荒淫是有明确记述的："列肆于后宫，使诸采女贩卖，更相盗窃争斗。帝著商估服，饮宴为乐。又于西园弄狗，著进贤冠，带绶。又驾四驴，帝躬自操辔，驱驰周旋。"一句话，想着法儿的玩，就是这位皇帝的日常生活。

也许在汉灵帝的内心深处也并非不痛恨宦官吧。窦武、陈蕃事败被害，宦官们立刻就想除去窦太后这个眼中钉。而时年只有十二岁的汉灵帝则以"太后有援立之功"加以阻止，并于建宁四年十月朔，率群臣朝拜窦太后于南宫，通过这些举动保护了太后的安全。可见他并不是一个一无是处，完全没心肝的皇帝。

《后汉书》中的另一段叙述则更证明了汉灵帝放浪形骸是有着不得已的苦衷的。灵帝的第一个皇后是宋皇后。宋皇后，扶风平陵人，是肃宗宋贵人的从曾孙。建宁三年，宋皇后被选入掖庭，后被立为贵人，第二年改立为后。宋皇后的父亲宋酆也在当

汉灵帝

时被提升为执金吾。宋皇后虽居正位，但并不得宠，所以常常被后宫的其他妃子诽谤诋毁。宦官王甫曾将渤海王悝与王妃宋氏害死，渤海王妃正是宋皇后的姑母，所以王甫十分担心宋皇后将来会伺机惩治自己，于是王甫就向灵帝诬陷说："宋皇后用巫术诅咒皇帝。"这当然是胡说八道，皇后虽然失宠，但并没有理由做诅咒帝王这种事情。但汉灵帝终究是因王甫的话废了宋皇后，宋皇后于是"自致暴室，以忧死"。宋皇后死后，她的父亲与兄弟都一并被害。

宋皇后被害后不久，汉灵帝做了一个奇怪的梦，他梦见桓帝愤怒地对他说："宋皇后有什么罪过，你听用邪孽，使她绝命？渤海王悝既然已经自贬，又为什么要受诛毙？现在宋氏和渤海王悝都把冤屈向天庭陈述了，上天也因此震怒，你的罪实在无法被饶恕!"

第二天，汉灵帝把羽林左监许永找来，让他帮着解梦。许永说："宋皇后与陛下共同担负着社稷的安危，母临万国，时间已经不短了，天下人都知道她的贤惠，并没有听说过她有什么过错。陛下因虚听谗妒之说，以致废除了她，更祸及了宋氏家族，天下臣民都为此感到怨痛啊。渤海王悝是桓帝母亲的弟弟，也没有任何罪过。陛下不经查审，就见罪无辜，也是极大的过失啊。正是天道明察，鬼神难诬。陛下应妥善安葬宋皇后，恢复宋皇后家属与渤海王后人的地位，这样才能消除愧疚。"但灵帝最终还是没有采用许永的建议。由此可见，灵帝是能够分清是非的，只是处于当时的情况，将诸多无奈隐藏在昏庸的背后而已。终灵帝一朝，宦官当道，政令虽多出自灵帝之口，可是否是灵帝真心想做的就不得而知了。灵帝十二岁登基，不过是一个傀儡而已。长大以后，他身处危机四伏的宫廷，想要夺回权力，可谁又是可以信赖的人呢？汉灵帝不知

道。可是谁是可以要了他命的人，他却再清楚不过，想要活着，就只能昏聩一世，荒唐一生了。

历史毕竟是已经过去的事实，不管历史文献背后的真实情况是什么，在汉灵帝时期，宦官势力确实发展到了旷古的程度。东汉的宦官集团在杀逐了党人以后，对士人还有疑惧，为了加强自己的势力，在汉灵帝时期，宦官们也确实采取了一些措施。洛阳的太学生都读五经，而当时对五经的解说很多，没有一个统一的标准。结果太学生们在太学考试中，为争考试等第的高下，往往闹到官府里去争讼。宦官早已被名士们议论政事吓得发狂，太学生们又纠缠经学，扰攘不休，这对文化水平有限的宦官来说确实是一种可厌的刺激。于是宦官们于公元 175 年，让汉灵帝命大学者蔡邕写定五经文字，然后刻成四十六块石碑，立在了太学讲堂前。五经石碑一立，宦官们于是得到了清静。而太学生毕竟是诵习经书的，也就不大可能说出拥护宦官的言论，所以宦官就必须另外建立起拥护自己的文化组织以排斥士族。公元 178 年，汉灵帝立鸿都门学。这是以皇帝名义建立起的新式太学，其内所教授的是辞赋、小说、绘画、书法，这与研读经文的太学形成了鲜明的对比。宦官的这种做法虽说对文化的发展有着一定的促进作用，可其根本目的在于打击士族，确立自己在文化上的地位。这样一来，鸿都门学也就有了腐朽的一面。在鸿都门学学习的学士考试及格，就给大官做，不及格也能得个较小的官做，如此培养出来的官宦，其质量也自然不会很高了。

宦官们借汉灵帝的手立起了鸿都门学后，过去无法仕进的斗筲小人有了晋升的机会。但这些斗筲小人也毕竟是读书人，身居下层的豪强不一定读过书，想做官仍受到限制。而下层豪强虽无学识，但他们却做着士人所鄙视的买卖。在这种情况下，宦官们

一则为了进一步排斥士人，另一方面也为了敛财，满足自己的无底囊，于是他们与汉灵帝一起，索性在西园开了一个官员交易所，标出官价公开卖官。

古往今来，公开卖官鬻爵的也只有东汉灵帝一朝而已，其时世之黑白颠倒，由此可见。在西园内，有着一套完备的官爵买卖手续。因地方官可以搜刮百姓，所以地方官一般比朝官价贵一倍，而且各县经济状况不等，求官人需估价投标，出价较高的人才能得标上任。通过此法获得官位的人，都是贪财好利之人，其走马上任之时，也自然是一方百姓遭殃之日。但在定价以外，西园内卖官也是见人下菜碟，宦官们会看求官人的身份及财产而随时加减价格，如名士崔烈只以半价一千万钱，就买得了一个司徒做；宦官曹腾的养子曹嵩家财万贯，买太尉出钱一万万，比定价贵十倍。宦官为优待主顾，扩充营业，还允许先挂赊欠账，到任后再限期加借还欠。同时又为了能尽快周转，以广招财源，一个官上任不久，就会另派一个新官去上任，州郡官一月内甚至会替换好几次。如此一来，买官的人即使本怀善意，想当造福一方的好官也难了。买官的人为防亏本，几乎都是一到任就开始搜刮，本利兼收，刻不容缓，以至于普通百姓"寒不敢衣，饥不敢食"，贱价卖出自己仅有的一点谷物，好让新官一到就得钱，以免一家人性命不保。

一个朝代黑暗到如此程度，其灭亡也就是早晚的事情了。汉灵帝确实是宦官的傀儡，尽管作为傀儡本身，他不是心甘情愿地接受宦官，但其个人也有着荒淫的一面，在宦官堆里长大的他确实没有养成什么好秉性。朝廷如此腐败，百姓还怎么生活？于是，一场摧毁东汉王朝的农民起义，就在这样的历史背景下逐渐酝酿成势。

四、黄巾起义

东汉末年，东汉王朝已经腐败透顶。汉桓帝有妻妾五六千人，其他在宫中服役的更兼倍于此；即位后的灵帝，其贪婪更胜过桓帝，把东汉原有的卖官制度扩大执行，弄得民不聊生。皇帝如此昏庸，官吏就更是巧取豪夺，各种类型的地主包括贵族、世家大族、地方豪强、富商等，无不广占田地，敲诈勒索，奢侈逾制。广大人民群众处于饥寒交迫之境，纷纷破产逃亡，既已求生无路，他们也就只好铤而走险，起来进行反压迫斗争了。

从汉安帝时开始，生活在社会底层的农民就开始不断发动武装起义。在黄巾军起义以前，各地发生民变可以统计的就有六十七次之多。在东汉末年最先起义的是会稽人许生。许生起兵的地点在今浙江慈溪。许生起兵后，攻打县城，杀了官吏。没有几天工夫，他的队伍就聚集了一万多人。汉灵帝于是下令叫扬州刺史和丹阳太守发兵围剿，结果反被起义的农民打败。许生的声势由此越来越大，并自称为“阳明皇帝”。反过来，这也说明了许生思想的局限性，他如此大张旗鼓，却又没有明确的政治目的，既无法推翻东汉政权，也无力割据一方，刚刚聚众，就迅速称帝，

缺少高瞻远瞩，其失败也就是早晚的事了。公元 174 年，吴郡司马招募人马，联合州郡官兵打败了许生，吴郡的起义军就这样被镇压下去了。吴郡的起义之火虽被扑灭，但自此以后，农民起义即不断发生，而且规模越来越大，次数越来越多，于是一场更大规模的农民运动在动荡的社会局势中逐渐酝酿成形——这就是发生于公元 184 年，由张角领导的黄巾起义。

经过几十次农民起义的失败教训，农民起义者们也在前人的鲜血中总结出了一些经验，这就是要联络各地农民共同起义。实行这种联络工作的是巨鹿人张角和他的兄弟张宝、张梁。

汉光武帝刘秀在建立东汉王朝后，以今文经学为基础，大力提倡妖妄的谶纬之学，借以证明自己是受天命的真命天子，所以在东汉，妖术盛行，《后汉书》中就有专门的《方术传》。东汉后期，佛教逐渐流行，通过文化的相互碰撞，也促进了东汉方士

黄巾起义形势图

妖术的发展，使神仙方术有了宗教性质。方士们把神仙术与《老子》书中如“谷神不死”、“玄牝之门”等玄而又玄的话结合起来，这样就产生了道教的基本雏形，方士也改称为道士，而哲学家老子则被奉为道教之主。由于东汉皇帝推崇老庄哲学，所以在东汉，尊奉老子的神仙方术也是为统治者服务，得到统治阶级认可的。

张角看到了这一点，于是加以利用，创教太平道，自称为大贤良师，手执九节杖画符诵咒，教病人叩头忏悔自己的罪过。给病人符水喝，好了则是信道，死了则是不信道。张角组织传道十余年，并派遣弟子到各地方治病传教，青、徐、幽、冀、荆、扬、兖、豫八州信徒多至数十万人。人多以后，为了方便组织管理，张角把信徒分成三十六方部，大方万余人，小方六七千人，设将帅统率各方，而且他还收买了一些宦官作为他起义的内应，皇宫卫士也多有响应者。可见，张角借用宗教以达到起义目的的策略是成功的。

经过长时间的准备后，张角觉得时机已经成熟，就秘密约定三十六方在甲子年，也就是公元 184 年三月初五，于京城和全国同时起义，口号是：“苍天已死，黄天当立，岁在甲子，天下大吉。”简称为“黄天泰平”。“苍天”，就是指东汉王朝；“黄天”，就是指太平道。京师及州郡各官府门上都用白土写上“甲子”二字。大方帅马元义则来京师，布置起义，准备把距离洛阳较远的荆、扬二州信徒数万人，集中到邺城，以作为起义军的主力，配合洛阳附近的各州郡起义军，一举攻下洛阳。可是，就在离起义时间还有一个多月的紧要关头，起义军内部出了叛徒，张角的一个弟子向东汉政权告了密。于是朝廷立刻在洛阳进行搜查，捕杀了马元义以及与太平道有联系的群众一千多人，汉灵帝

同时命令冀州官吏抓捕张角，从而打乱了张角的部署。

在此紧急关头，张角只好派人飞告四方，立即起义。起义者都戴黄巾作标志，因此这次起义被称为“黄巾起义”。张角、张宝、张梁兄弟三人起兵后，烧官府，杀官吏，攻破州郡坞壁，州郡长官纷纷败逃。一时之间，各地的黄巾军像风暴一样气势凶猛，东汉统治为之震动。

黄巾军画像

张角兄弟起义以后，其战斗精神尽管十分高，但黄巾军还是不足以推翻腐朽的东汉王朝，因为东汉政权的上层统治并没有从根本上被破坏。黄巾军仓促起义以后，汉灵帝大赦党人，缓和了统治阶级内部的矛盾，整个上层统治阶级都发动了起来，大豪强出身的皇甫嵩、儒生出身的卢植、小豪强出身的朱儁以及董卓、曹操、刘备、孙坚等各方豪强纷纷率兵镇压起义，一致向黄巾军发起了进攻。这是两个不同阶级之间的较量，各自都有各自所信仰、所需要保护的事物，正义与非正义就看是站在哪一方的立场来看了。历经九个月，几次大战，公元

184年仲冬，张角兄弟被皇甫嵩等大小豪强以极为血腥的手段镇压了下去。

张角兄弟死后，青、徐、豫各州郡黄巾军仍继续战斗。青州黄巾军有三十万人，合男女老幼共百余万人，其众虽多，却不过是缺少粮食的武装民众，这样的军团也就无法长久维持，最后被曹操等人消灭或收编。黄巾起义军的主力虽然失败，但这次规模浩大的农民起义还是给东汉王朝以致命的一击，虽然东汉王朝没有被黄巾军直接推翻，却在不久之后，灭亡在了因镇压黄巾军而得以拥兵自重的豪强董卓之手。这一结果虽有着许多的历史偶然因素，可腐朽的事物会灭亡却是一种必然。

五、十常侍之乱与董卓入京

“十常侍”只是一种习惯上的称呼，实际上应该是十二常侍。灵帝时，张让、赵忠、夏恽、郭胜、孙璋、毕岚、栗嵩、段珪、高望、张恭、韩悝、宋典等十二人，都为中常侍，故世称“十常侍”。在“十常侍之乱”中，其罪魁当是张让。

张让，颍川人，其出生时间不详，死的年份却十分明确，公元189年，那一年发生了一场影响中国历史走向的宫廷政变。张让少时在宫中做事，那时他结识了赵忠，从此两人成为生死之交。桓帝时，张让为小黄门，赵忠则因参与诛杀梁冀一事，被封为都乡侯，不久黜为关内侯。也许是赵忠的关系，此后张让的名字也开始频繁地出现于历史文集之中。到灵帝时，张让、赵忠并升为中常侍，封列侯，此时的两人已经与大宦官曹节、王甫等相为表里。曹节死后，赵忠领大长秋。

十常侍封侯贵宠，灵帝朝又是我国历史上宦官专权最为严重的时期，所以十常侍在当时可以一手遮天，其父兄子弟布列州郡。黄巾起义爆发后，灵帝重新启用官僚士大夫。获得参与朝政权力的士大夫们立刻开始对宦官进行攻击。郎中张钧上书说：“黄巾势甚，其源皆由十常侍多放父兄、子弟、婚亲、宾客典据

州郡，辜榷财利，侵掠百姓，百姓之怨无所告诉，故谋议不轨，聚为盗贼。”其实在东汉末年，无论是宦官，还是皇帝、外戚以及其他豪强地主，无一不对底层百姓进行剥削，张钧的上书只是指出了导致黄巾之乱的一个原因而已。张钧在上书中最后建议斩十常侍，布告天下，以平息民怨。

农民起义早在安帝时期就不断爆发，这是东汉豪强势力发展的必然结果，只是杀几个宦官又怎么可能解决根本问题呢？张钧上书的本质实际是想趁黄巾之乱，灵帝需要依靠豪强力量的时刻，借机除去宦官而已，这里有着几分要挟的成分。而事实上豪强要远比宦官对皇权更具有威胁。宦官毕竟是无根之人，又多出身卑贱，他们无论如何恶性发展，都只能借皇帝的手来指挥一切，不可能取代皇帝，这其中的一个最简单的道理就是皇帝是天子，天子可以不论出身，却绝对不可能是不男不女之人。灵帝看过奏章后转给张让等人。张让等人见到后无一不为之变色。要是平时，这种奏章并不是大问题，灵帝也不会过问太多。但此时黄巾军已把东汉政权弄乱了，把宦官们所掌握的政权弄乱了，这一时刻如果出现问题就会相当麻烦。张让知道，灵帝在乎的不是张钧的上书，而是黄巾军。于是张让以愿出家财以助军费为条件乞求恕罪，灵帝听后，果然诏令十常侍照常办事，反过来却怒问张钧：“难道十常侍中竟无一个好人？”细分析一下，这句问话本身就有问题，言外之意就是只要十常侍中有一个好人就可以原谅所有人，反过来说就是汉灵帝本人多少也知道十常侍中有人做不法之事。至于真实的情况，则是汉灵帝与宦官是同流合污的。张钧毕竟是一个文人，不懂得见好就收，他收到皇帝的批示后再次上书，坚持己见，而这一次，奏章直接被宦官扣下无法上报。恰在这时汉灵帝诏令，追查张

角道者，张让等人就乘机唆使御史诬奏张钧，说他正在学练黄巾道，将他逮捕拷打，致使其死于狱中。

中平六年即公元189年，灵帝死，年仅十四岁的皇子刘辩即位，这就是汉少帝。刘辩即位后，何皇后临朝，何进被封为大将军。此时黄巾军主力早已经被消灭，在黄巾起义中壮大起来的外戚势力与官僚士大夫势力再一次结合，开始共同对付宦官。外戚与宦官终究是不能两立的。大将军何进本为屠户，出身卑微，何皇后全靠宦官势力才得以为后，可以说何家的势力能否稳定与宦官有着密切关系。但在利益面前，本就没有多少智谋的何进听了袁绍的劝说，有了诛杀宦官的计划。可是，计谋泄露，张让、赵忠等先下手杀了何进，而何进的部下袁绍等人听说何进被杀后，则立刻勒兵杀进皇宫，杀了赵忠等很多宦官。张让等数十人只好挟持少帝出走，最后因被追无奈，皆投黄河而死。然而，又有谁会想到，随着这群祸国殃民的宦官的死，东汉王朝也走到了尽头。

原来，起初中军校尉袁绍建议何进杀宦官的时候，何进十分犹豫，他跑去跟何太后商量。何太后一来收了宦官的财物，二来她也清楚地认识到了自己和宦官的关系，所以无论何进说什么她也不答应何进对宦官下手。于是袁绍又替何进出谋划策，劝何进秘密召集各地的兵马进京，迫使太后同意诛杀宦官。何进听后，觉得这是个好办法，但何进的主簿陈琳听后，看出了这其中的问题，他阻拦说："将军手里兵马充足，要杀几个宦官就像炉火上烧几根毛发那样容易，可如果召外兵进京就好比把杀人的刀交给了别人，到时候就不是我们自己能完全控制的了的了。"何进没有听陈琳的劝告，派人给拥兵并州的董卓送了一封信，要他迅速带兵进洛阳，以诛杀宦官。

诛杀宦官本来是应该秘密进行的事，可何进却向百里以外的豪强求援，事情怎么会不泄露？结果宦官得到消息后先杀死了何进，而袁绍又杀了宦官。在这场血雨腥风中，宦官与外戚两败俱伤，而何进召来的董卓却已带兵到了洛阳，掌握了大权。

董卓，今甘肃岷县人，其父曾为颍川郡轮氏县尉。董卓所居住的地方，羌人与汉族杂居，他在少年时期就常与羌人往来，结交西北地区的豪强。董卓膂力过人，能左右驰射，因而在年轻时享有"健侠"的美名，并因此被任命为凉州兵马掾。东汉后期，由于汉族豪强对羌人的压迫，使羌人屡次起兵反汉，董卓便率六郡良家子弟参加了镇压羌人的战争，后累积功勋，被封为并州刺史、河东太守。黄巾起义后，汉政府任命董卓为东中郎将，代替卢植与张角作战，却被黄巾军击败，其官位也被免除。当年冬，凉州又发生了以北宫伯玉、李文侯、边章、韩遂为首的羌汉各族的反汉起义。于是东汉政府重新起用董卓，派他协同皇甫嵩、张温等前往凉州作战。此时的董卓已经看出东汉朝廷腐朽无能，因此逐渐骄傲放纵，不服从指挥。当时孙坚劝身为统帅的张温、

董卓画像

皇甫嵩以军法斩董卓，但两人都觉得只有董卓才比较了解西北地区的情况，所以没有同意。汉政府也看到董卓跋扈难制的一面，曾试图调他回朝为少府，解除他的兵权，而董卓以部下不让他离开为借口，上书拒命，软弱的汉政府对他也无可奈何。公元 189 年，东汉朝廷调董卓为并州牧，令他把部队交皇甫嵩，结果又被他拒绝。何进欲召董卓入京协诛宦官时，何进的部下郑泰就曾说："董卓强忍寡义，志欲无厌，若借之朝政，授以大事，将恣凶欲，必危朝廷。"可何进未能采纳，反引狼入室，终铸成千秋大错。

董卓入京后，凭着自己强大的军事势力，专擅朝政，首先废掉了少帝刘辩，改立陈留王刘协为帝。刘协即汉朝最后一个皇帝汉献帝。随后，董卓又毒杀何太后和废帝刘辩。从史书的记载来看，汉献帝刘协确实要比刘辩聪明，但董卓私自废立帝王，擅杀太后的举动不过是为了给自己掌控朝政提供方便而已。董卓废帝弑后的行为自然不会得到豪强们的认可，这种大逆不道之举正好为他的敌对者提供了讨伐的口实。

董卓虽是个粗暴的武夫，但他也明白撇开士大夫将难以维持自己的统治，所以在他掌权后不久，就征用了才学与名望俱高、屡遭阉党陷害的蔡邕。蔡邕到京后，"甚见敬重，举高第，补侍御史，又转侍书御史，迁尚书，三日之间，周历三台"。除蔡邕外，董卓还重用名士尚书周毖、城门校尉伍琼、尚书郑泰、长史何颙等士人。但即便如此，仍掩盖不了董卓的残暴面目。《三国志》的《董卓传》载："卓既率精兵来，适值帝室大乱，得专废立，据有武库甲兵，国家珍宝，威震天下。卓性残忍不仁，遂以严刑胁众，睚眦之隙必报，人不自保。尝遣军到阳城。时适二月，民各在其社下，悉就断其男子头，驾其车牛，载其妇女财

物，以所断头系车辕轴，连轸而还洛，云攻贼大获，称万岁。入开阳城门，焚烧其头，以妇女与甲兵为婢妾。”所以，尽管董卓对士大夫十分优待，而士大夫们却是绝对无法和一个强盗真诚合作的。董卓专政后，袁绍、袁术、曹操等都先后从洛阳逃出，开始了积极的反董活动。

公元 190 年，献帝初平元年，关东州郡推渤海太守袁绍为盟主，纷纷起兵讨伐董卓。袁绍号车骑将军，与河内太守王匡、冀州牧韩馥、豫州刺史孔伷、兖州刺史刘岱、陈留太守张邈、广陵太守张超、东郡太守桥瑁、山阳太守袁遗、济北相鲍信及曹操组成同盟联军，向洛阳挺进，他们的军队，多者数万人，少者数千人。

铜弩机

而就在此时，董卓的后方也出现了动荡。公元 188 年二月，黄巾军余部郭太等已在西河白波谷重新起义。公元 189 年十月，白波起义军挺进河东，其人数已扩大到十余万人。董卓令其女婿中郎将牛辅率军前往镇压，与起义军僵持不下，久难取胜。就在这时，关东联军兴起，董卓见联军声势强大，担心白波军再趁机渡河南下，截断自己往关西老巢的退路，于是决定把汉献帝从洛阳迁到长安。公卿大臣听说后，多持反对意见，董卓本已因

自己所封拜的东方州郡官吏背叛自己而十分恼火，此时见大臣反对迁都，就露出了本来的凶相，杀死了替袁绍等人说话的伍琼、周毖，并免去了杨彪、黄琬等的三公职位。不久董卓诏令屯兵于扶风的左将军皇甫嵩回朝。皇甫嵩回朝以后，洛阳以西就再无有能力反抗董卓的人了。解除了后顾之忧，董卓便于公元190年二月，强迫献帝及群臣西迁。洛阳城内外百姓数百万口也被迫随献帝向长安迁移，一路之上，他们或被董卓车骑践踏而死，或因饥病交迫被累死，倒毙的百姓不计其数，积尸遍野。董卓在撤离洛阳前还下令纵火焚烧了洛阳二百里内的宫庙、官府以及百姓的居家，更命吕布挖掘了诸帝及公卿陵墓，尽取墓中珍宝。数日之中，董卓遣将四处掳掠，将历经了近二百年风雨的东汉京都洛阳变成了一片焦土。

董卓的这些恶行正是倒行逆施，令其大失人心，在此情况下，本应被联军一战击溃，但东方联军内部却也是矛盾重重。曹操在后来回忆的诗中写道："军合力不齐，踌躇而雁行。势力使人争，嗣还自相戕！"在当时讨董联军中只有曹操与孙坚两人是积极与董卓对抗的，其他将领不是没有率领军队的才能，就是想趁机扩张领土，他们更多的是想保存自己的实力。这样的联军也就自然不可能取得最后的胜利了。

东方联军在攻到酸枣附近后，就开始互相观望，按兵不动。在当时，唯有曹操单独带着五千人马，向成皋进兵。曹操军于汴水受到董卓部将徐荣的拦击。徐荣兵多，而曹操孤军挺进，自然不是徐荣的对手。经过激战后，曹操战败，只好退回酸枣。而此时在酸枣的联军将领们却每天喝酒作乐，根本没有一个人想要讨伐董卓。曹操见此情景十分失望，知道再无能力有所作为，只好自带所剩兵马脱离了联军。

孙坚原为长沙太守，因他出身地方豪强，名望不高，讨伐董卓时，他率军进至鲁阳后就投靠了袁术。袁术于是控制了南阳，表孙坚为破虏将军。在讨伐董卓的战斗中，孙坚军与董卓军战于梁县，先败后胜，杀死了董卓的都尉叶雄。当时东方联军在与董卓军的交战中多被击败，唯有孙坚能胜董卓。袁术见孙坚如此英勇，担心孙坚力量壮大之后难以驾驭，于是停止调运军粮给孙坚。孙坚见状，立即骑马飞驰去见袁术，他对袁术说："我所以不顾生死地与董卓战斗，一是为国家讨贼，二是为将军你报仇，并不是我与董卓有什么冤仇。可将军你却听信小人谗言，怀疑起我，这是什么道理啊！"袁术听了孙坚的话自知理亏，就下令重新调发军粮给孙坚。不久孙坚连胜董卓与吕布，攻入了洛阳。在洛阳，孙坚祭扫了汉氏宗庙，在城南甄官署井中得到了传国玺。随后又在新安、渑池间击败董卓。这以后，董卓军退回到了长安，孙坚于是返回洛阳，把东汉各帝陵墓修理一番后退回了鲁阳。

董卓西去后，关东联军解除了西顾之忧，其联盟也随之瓦解，各豪强先后撤兵，回到自己的领地，然后相互间展开了激烈的兼并战争，一个群雄逐鹿的乱世由此开始。另一方面，董卓到长安后不久，即被王允与吕布所杀，随后董卓的凉州部将发动兵变，攻入长安，先击败吕布，而后杀死王允，长安就落到了董卓的部将李傕与郭汜之手。

点　评

翻开历史文献，尤其是近现代的历史文献，其中谈及宦官的文字多为贬义，或言宦官人格因受刑而扭曲，或言宦官乱制，或言宦官猥淫，或言宦官虐民，总之是很少能听到好话。读历史的

一般读者也多是读读而已，得一知半解，就以为已知，人云亦云，拿人家的理论说事，不分青红皂白。

其实，古往今来，无论是宦官还是外戚，或是豪强地主与士大夫，只要不能完全获得政权，就一定会祸乱朝纲。因为党同伐异，没有完全获得政权，就说明有异己力量，政治斗争往往就是充满了血腥。而在封建社会，皇帝是天子，是无法取代的权力象征，无论是哪一派的势力，都必然要承认皇权的至高无上，即使其权利已经凌驾在皇权之上，只要自己不是皇帝，就不能无视皇帝的存在。这样一来，所有的党派斗争就只能围绕着皇权转圈了。换句话说，就是无论是宦官还是外戚，抑或是豪强地主与士大夫，只要取得了权力，就一定会想守住权力，可他们又不是皇帝，用一句老话，“一朝天子一朝臣”，不能做皇帝，所获得的权力无论有多大，也只是暂时的，在改朝换代的时候必然会被新的天子所依靠的新人所取代。东汉王朝的宦官也好，外戚也好，其动荡的变化多在改朝换代之时的原因就在于此。比如说，王甫和侯览都是和帝时所倚重的大宦官，在灵帝即位初期他们虽然也得到了重用，但最后还是没能保住自己的性命。这就说明在宦官内部也是存在争斗的，这一点同外戚集团或豪强地主集团、士大夫集团内部的争斗是一样的。

而至于说到人格的扭曲问题，无论是被阉割的宦官，还是身体正常的士大夫，其中都是有光明磊落的君子与下流无耻的小人的。比如清代的历史野闻中，宦官喜欢虐待妻子，而自宋朝开始，由于文人士大夫的变态喜好，汉族女人多开始裹脚。至于磊落君子，士大夫中的就不用说了，历史上有记载的多如繁星，所以只说宦官。在《后汉书·宦者列传》中就记述了宦官吕强的事迹。吕强字汉盛，河南成皋人。年少时入宫为小黄门，后迁为

中常侍。吕强为人清忠奉公，曾上书劝灵帝要“非功臣不侯”，不要封宦官为侯，又劝灵帝施行节俭裁减宫女。吕强还向灵帝揭露了王甫、侯览、张让等宦官的恶行。黄巾起义后，吕强还曾向灵帝建议过重新起用党人。吕强为人耿直，也因此得罪了赵忠和夏恽等人，后来赵忠、夏恽等诬陷吕强“与党人共议朝廷，数读《霍光传》。强兄弟所在并皆贪秽”，以致吕强被迫自杀。其他的例子也不用多举，如吕强这样忠君的宦官在历朝历代都有，而且不是少数。

那么为什么历史上又多记宦官的是非，而少述宦官的德行呢？其实在古代文献中对宦官的记述还是比较公正的，否则如司马迁、蔡伦、郑和等宦者的事迹也就不会被我们今天的人知道了。问题多出在近现代白话史书中，今天的普通人又多不读古文，读了带有政治色彩的评论，也就自然会有错误的理解了。而对于近代白话文历史书中出现这种问题的原因，就不是本书所能涉及的范畴了，这里只是顺便一说而已。

相关链接

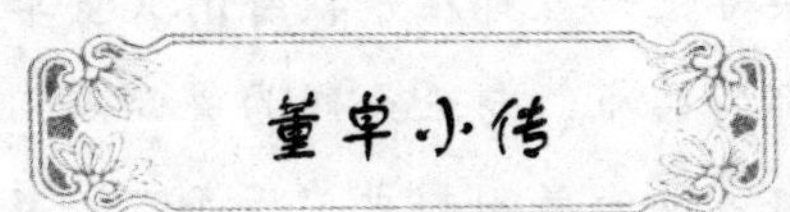

董卓小传

董卓(144～192 年)，字仲颖，陇西临洮(今甘肃省岷县)人。早年为汉将，在西北平定少数民族叛乱，后来又参加讨伐黄巾起义，虽然数次兵败，但依然升为前将军，掌管重兵。董卓拥兵自重，驻兵于河东，不肯接受朝廷的征召，因不愿放弃兵权。当时正逢京城大乱，何进被杀，董卓于是趁机进京，控制了政权。之

后董卓废掉汉少帝，立汉献帝，关东诸侯联盟讨伐董卓，董卓放弃洛阳，移都长安。

董卓完全就是一个强盗坯子，他虽然掌握朝权，却实在没有安定天下的大志。他西归长安前，就自封为太师，位居诸王之上。到了长安，公卿迎拜，董卓也不还礼，俨然自己就是皇帝。而他所乘的车子则与天子御驾一样华丽。董卓还在郿县修建了与长安城等高的坞，号称“万岁坞”，内多积粮谷，足够三十年食用。用董卓自己的话就是“事成，雄踞天下；不成，守此足以毕老”。

遗憾的是，从古到今，危险永远隐藏在安逸之中。董卓自以为自己很安全了，残忍嗜杀的习性至此也充分地暴露了出来。当时，大臣讲话稍不合董卓之意，即被董卓杀害。对战争中的俘虏，他更是以惨不忍睹的方式折磨与屠戮。这样一来，董卓专政没多久，就弄得人心惶惶，众叛亲离了。

当时董卓最倚重的朝中大臣是王允。王允是并州祁县人，“少好大节”，素有名誉。董卓入洛阳时，王允为河南尹。后董卓召王允为尚书令。公元190年，董卓又升王允为司徒，领尚书事。献帝西迁时，董卓留镇洛阳与东方联军对峙期间，朝政全由王允主持。由此可见，董卓是多么信赖王允。然而，王允对董卓却是佯作尊重，实际上一直都在寻找着消灭董卓的机会。

董卓有亲信部将吕布，与王允同为并州人。吕布善骑射，膂力过人，号称飞将，初为并州刺史丁原手下。灵帝死，何进召董卓与丁原进京，谋诛宦官。董卓进京后想要掌握朝政，于是用计诱吕布杀死了丁原，将丁原的军队也全部收编。董卓十分宠信吕布，两人誓为父子。董卓自知有很多人想要他的命，就让吕布卫护左右。可是董卓的脾气毕竟是太糟糕了点，发起火来就什么后果也不考虑了。有一次，因一件小事，吕布惹怒了董卓，董卓就

立即以手戟掷布，幸亏吕布眼明身捷，躲闪了过去，否则就会当场毙命。另外，吕布又与董卓的侍婢私通，所以总是担心被董卓发觉，日夜不安。有一天，吕布把董卓向他掷手戟的事向同乡王允说了，恰王允正在谋诛董卓，于是离间吕布与董卓之间的关系，要吕布除董卓，为汉朝建立奇功。吕布听了王允的话也动了心思，可还是摇头说："但我们毕竟是父子啊！"

王允认真地说："你姓吕，与他本不是骨肉，现在担心被杀都顾不上，还谈什么父子？他掷戟的时候，可有过父子之情吗？"吕布听后，于是下了诛杀董卓的决心。

初平三年，即公元192年的夏四月，时献帝有疾初愈，群臣都去未央殿朝贺。董卓也乘车入朝。一路上步骑夹道，戒备森严，但董卓却不知道危机已经隐藏在了他的周围。此时，吕布早已让他的亲信李肃率勇士十余人，伪装成卫士，埋伏在了董卓入宫的必经之路——北掖门内。董卓乘车行入北掖门后，李肃立即挺戟刺向董卓，董卓在朝服内穿有重甲，结果李肃只是刺伤了董卓的一只手臂。董卓受惊后从车上掉了下去，他抱住被刺伤的手臂高喊："吕布在哪里？"吕布听到董卓的呼喊后立即冲上前说："有诏命我讨杀贼臣！"

董卓一见此情形，立刻就明白发生了什么事。他气得大骂说："你这狗崽子，竟然敢做这种大逆不道的事！"话音刚落，吕布已用长矛制住了董卓，随后令士兵砍下了董卓的头。一世枭雄也好，一世暴徒也好，总之董卓就这么被他的养子杀死了。

董卓一死，长安的很多官吏与士人都为之高兴，百姓歌舞载道，买酒肉摆宴庆贺。王允的动作也很快，他得知董卓已死，马上派皇甫嵩带兵去郿坞攻董卓之弟董旻。董旻战败，董卓的母妻宗族全被斩杀。

第二章
群雄割据与群雄逐鹿

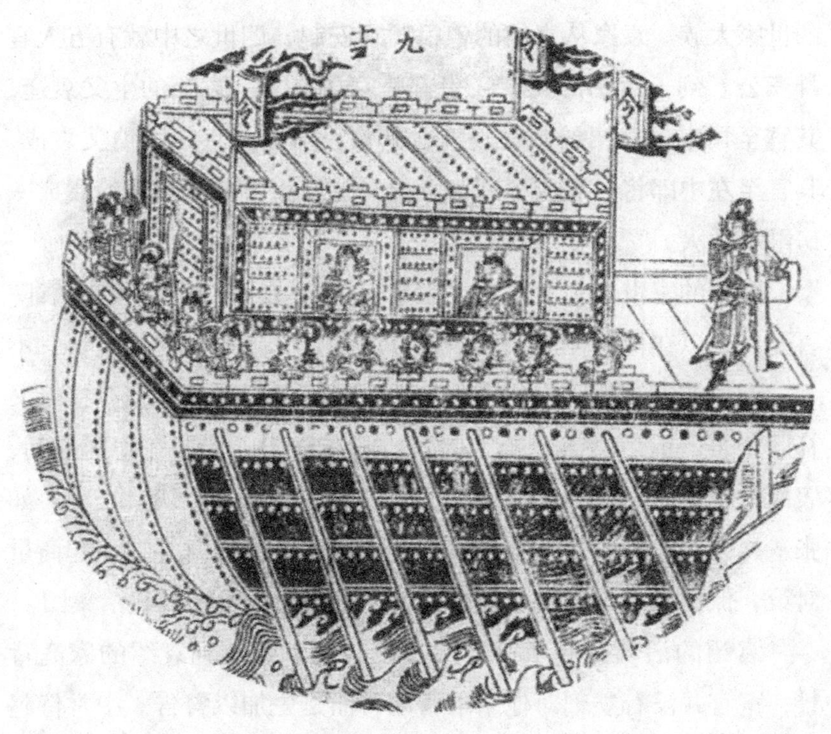

一、人才相助的冀州袁绍

袁绍，字本初，汝南汝阳人，出身于东汉后期一个势倾天下的世家大族。袁家从袁绍的曾祖父袁安起，四世之中就有五人官拜三公。到了袁绍的父辈，也都是官居显赫，袁绍的生父袁逢，其官至司空；袁绍的叔父袁隗，其官至司徒；袁绍的伯父袁成，其官至左中郎将。袁成早逝，袁绍又是庶出，就被过继给袁成一房继承香火。

袁绍的家世好，袁绍本人也生得英俊威武，甚得袁逢、袁隗喜爱，所以在他的仕途上几乎没有遇到什么障碍。凭借世资，不到二十岁的袁绍就已出任濮阳县长。但不久因母故服丧，接着又补服父丧，前后六年，拒绝辟召，隐居洛阳。袁绍在隐居期间，表面上深居简出，不妄通宾客，暗中却结交党人和侠义之士。如张邈、何颙、许攸等人都与袁绍往来甚密，他们时常在一起商量对策，保护党人，结成了一个以反宦官专政为目的的政治集团。

袁绍的活动引起了宦官的注意，由于顾及到袁绍的家庭背景，宦官并没有立刻对他采取行动，而是先加以警告。中常侍赵忠愤然地对袁家人说："袁本初为抬高身价，不应辟召，专养亡命徒，他到底想干什么！"袁隗听后，吓了一身的冷汗，他回家

后骂袁绍说："你这是准备败我们袁家啊！"此后，袁绍的行为有所收敛。

黄巾起义爆发后，党禁被取消，党人被重新起用。于是袁绍应大将军何进辟召为掾。袁绍有意借何进之力除掉宦官，而何进出身市井屠户，得门第显赫的袁绍亲近，也大感荣耀，两人关系遂非同一般。公元188年，灵帝另组西园新军，置八校尉。袁绍被任命为中军校尉，曹操为典军校尉，而大权掌握在宦官、上军校尉蹇硕手中。公元189年四月，灵帝病重，太子未立，在这改朝换代的时刻，宦官与外戚何进的矛盾开始激化。灵帝死后，何进集结军队于宫外，迫使宦官立刘辩为帝。刘辩即帝位，何皇后以皇太后的身份临朝称制，太傅袁隗与大将军何进辅政。外戚与官僚士大夫在对宦官的斗争中暂时取得了胜利。不久，何进任命袁绍为司隶校尉、何颙为北军中候、许攸为黄门侍郎、郑泰为尚书。同时受到提拔的还有二十多人，都成了何进的心腹，何进于是掌握了朝廷内外的实际权力。

袁绍像

袁绍当时认为诛杀宦官的时机已经成熟，他对何进说："从前窦武准备诛杀内宠，而反受其害，那是因事机不密，言语漏泄。当时五营兵士都听命于宦官，窦氏却信用五营兵士，这就是自取灭亡。但如今将军居帝舅大位，兄弟并领强兵，军队将吏又乐于为将军尽力效命，这是上天赐予将军一举为天下除掉祸害，以垂名后世的良机啊！"但由于太后的母亲舞阳君与何进之弟何苗屡受宦官贿赂，从中作梗，再加上太后也不同意诛杀宦官，何进本来就素无决断，此时就更加犹犹豫豫，不知如何是好了。袁绍看到这种情况，就建议何进调集四方猛将豪杰，领兵开往京城，对太后进行兵谏。何进觉得这是个好办法，于是一面召董卓、丁原领军队到京，一面派部下王匡、骑都尉鲍信回家乡募兵。四方兵起，京师震动，何太后只好把中常侍、小黄门等宦官放回家。宦官们失去了靠山，都如丧家之犬一般，纷纷跑到何进那里叩求恕罪。袁绍再三劝何进趁此机会杀掉宦官，可何进终是把他们放走了。袁绍也是意气用事，在这种情况下，他写信通知州郡，诈称何进之意令逮捕宦官亲属入狱。这样一来，宦官们没了活路，无不痛恨何进。走投无路的宦官们于是铤而走险，他们诈说离京前愿最后侍奉一次太后，以此引诱何进进了宫。随后张让指挥中常侍段珪等率党徒数十人，斩何进于嘉德殿前。

何进一死，何进的部将立刻哗变，要为何进报仇。虎贲中郎将袁术领兵攻打宫城，焚烧了青琐门。张让等人见势不妙，就挟持少帝刘辩和陈留王刘协从复道仓皇外逃。袁绍与叔父袁隗则佯称奉诏，杀死宦官亲党许相、樊陵，然后列兵朱雀阙下，捕杀了还没有来得及逃走的宦官赵忠等人，之后又命令关闭宫门，严禁出入，一场对宦官的血腥屠杀便随之开始。士兵们四处搜索宫中的宦官，不论老幼皆被斩杀，死者达两千多人，其中一些不长胡

须的官员也被杀红了眼的士兵误当成宦官杀掉了。

就在袁绍在内宫大肆屠戮宦官之时，董卓也率军队抵达了洛阳西郊，并于北邙阪下找到了少帝和陈留王。于是董卓以护驾之功，带着军队浩浩荡荡地开进了洛阳城。不久董卓实行废立，朝政为其所掌控。董卓掌权后，袁绍不敢久留洛阳，他挂符节于东门，而后逃亡冀州。董卓立即下令通缉袁绍。这时有人对董卓说："废立之事，非凡夫俗子所能理解。袁绍逃跑，只是因为害怕而已，没有其他意思。可如果现在通缉他过急，袁氏四代显贵，门生、故吏遍天下，得到袁家恩惠的人多难计数，袁绍就一定会起事。到时，群雄都会乘势而起，关东恐怕就不是明公所能控制得了的，所以不如赦免他，让他为一郡守，这样他庆幸免罪，自不会再招惹事端了。"于是，董卓改任袁绍为渤海太守。

不久，因董卓擅行废立，以及其他种种暴行，官僚士大夫对他越来越愤恨，他所任命的关东牧守都有了反意，各地讨伐董卓的呼声越来越高。而要讨伐董卓，袁绍是最有号召力的。在这方面除了他的家世之外，他诛灭宦官、不与董卓合作的行动也赢得了官僚士大夫们的称赞。不过掀起反董浪潮的却不是袁绍，而是桥瑁。当时，东郡太守桥瑁冒充三公写信给各州郡，历数董卓罪状，号召各地起来反董。就这样，关东州郡先后起兵，推袁绍为盟主，进兵关中，讨伐董卓。董卓见关东盟军势大，于是焚毁洛阳，挟持献帝，驱赶洛阳百姓迁都长安。董卓临行前还杀害了太傅袁隗、太仆袁基等袁氏家族的五十多人。

而在关东盟军中，袁绍也并非众望所归，各州郡长官都各怀异心，迁延日月，只为保存自家实力。作为盟主的袁绍也不率先杀敌，驻军酸枣和将领们每日大摆酒宴，根本不肯去和董卓交锋。有时为了维持军需，还纵兵抄掠，杀戮百姓。最后，到酸枣

粮尽时，关东诸军也作鸟兽散，一场声势浩大的讨伐战就这样不了了之。

董卓西归长安后，袁绍打算另立新帝，以便于自己驾驭。而此时的袁术也有自立之心，为此袁氏兄弟不睦。袁绍在给袁术的信中说："我与韩馥共谋长久之计，认为应使海内见中兴之主。如今长安的幼君只是徒有虚名，并不是汉家血脉，公卿以下官吏又都多媚侍董卓，所以我无法拥护长安的幼君，认为应东立圣君，这样太平之日才能指日可待。"袁绍选中了软弱的东汉宗室、幽州牧刘虞。他不顾袁术反对，以关东诸将的名义，派乐浪太守张岐谒见刘虞，呈上众议。刘虞知袁绍用意，断然拒绝。袁绍仍不死心，又请刘虞领尚书事，承制封拜，也同样被刘虞拒绝了。

董卓尚未垮台，关东豪强为了争夺土地和人口，就已经开始相互厮杀。此时的袁绍也不再安于渤海小郡，对韩馥所居的"天下之重资"——冀州，望而垂涎。早在讨伐董卓的时候，袁绍就

古栈道

曾对曹操说："大事如果不顺，我南据黄河，北守燕、代，兼有乌丸、鲜卑之众，然后南向争夺天下，这样或许可以成功吧！"不过，当时的袁绍其实并没有足够的能力占领冀州，他能夺取冀州靠的并不是军事力量，而是谋略。

有一天，袁绍的门客逢纪向袁绍建议夺取冀州，袁绍听后踌躇地说："冀州兵强，我军饥乏，如果战败，我们就连立足的地方都没有了。"逢纪听了袁绍的话后向袁绍献计，要袁绍暗中与辽东属国长史公孙瓒相约，让他南袭冀州，待公孙瓒大兵一动，韩馥惊慌失措之时，再趁机派遣能言善辩的人去和韩馥说明利害关系，让韩馥让出冀州。袁绍很看重逢纪，就照他的意思写了一封信送给公孙瓒。公孙瓒收到信后，于公元 191 年发兵南下，外托讨伐董卓，意在侵吞冀州。

韩馥听说公孙瓒南下的消息后，果然手忙脚乱起来。就在韩馥集中力量，准备应付公孙瓒的时候，袁绍看准时机，派出外甥高干与韩馥的故友荀谌到了邺城。三人见面后，荀谌和高干说："如今公孙瓒乘胜南下，诸郡望风而降；袁车骑也兵进延津，其意图难以预料，我们私下都很为将军担忧啊！"韩馥本是个庸才，一听此话，立即倒抽了一口冷气，急问："那我该怎么办呢？"

荀谌听后，反问韩馥道："将军自己估计一下，在对人宽厚仁爱方面，您比袁绍如何？"韩馥答："我不如。"荀谌又问："那在累世广施恩德，使天下人得到好处方面，您比袁绍又如何？"韩馥摇头说："还是不如。"荀谌又提了几个问题，韩馥都摇头称否。荀谌这才说出来意："公孙瓒率领燕、代精锐，兵锋无可抵挡；袁绍为一时英杰，又哪能久居将军之下。冀州为国家根本，如袁绍、公孙瓒合力，与将军交兵城下，将军必亡。但袁绍为将军旧交，且结有同盟，我等为将军着想，如今把冀州让给

袁绍。袁绍得冀州后，公孙瓒自不能和他抗争，到时袁绍一定会感激将军。而将军把冀州交给亲密的朋友，不仅能获得让贤的美名，且地位还会比如今更加稳固，所以我希望将军不必再有什么顾虑!”

韩馥生性怯懦且缺少主见，听了荀谌的一番话后，就同意了。韩馥的许多部下，如长史耿武、别驾闵纯、治中李历等人听说后都劝谏说：“冀州虽偏远，却有甲士百万，粮食足以维持十年，而袁绍不过是孤客穷军，仰我鼻息，就如同是我们手中的婴儿，一旦断了供给，他的士兵立刻就会被饿死，我们为什么要把冀州让给这样的人呢?”

韩馥听后回答说：“我本袁氏故吏，才能又不如本初，量德让贤，是为古制，你们为何还要一味地责备我呢!”驻屯在河阳的赵浮和程涣两员大将听到消息后，急从孟津率兵东下，船数百艘，兵甲万余人，向韩馥请求出兵抗拒袁绍，韩馥不许。就这样，韩馥搬出了官署，派儿子把冀州牧的印绶送交袁绍，让出了冀州。

袁绍得了冀州，代领了冀州牧，封韩馥为奋威将军，但却不给他一将一兵。不久，发生了一起意外事件。袁绍手下有一名叫朱汉的都官从事，因韩馥曾对他不以礼遇，一直耿耿于怀。他知道袁绍并不放心韩馥，就借故派兵包围了韩馥的住所，手持利刃，破门而入。韩馥逃到阁楼躲避，朱汉就抓住韩馥的长子，一阵乱棍把他的两只脚都打断了。事后，袁绍处死了朱汉，但韩馥由此受了很深的刺激，离开冀州投奔了张邈。一天，袁绍派了一个使者去见张邈，被在张邈府居住的韩馥恰巧撞见，当时使者正对张邈附耳低语。韩馥一见，心中立升疑云，自感大难临头，就走到厕所，举刀自杀了。韩馥生性平

庸，无大才，无主见，更无大志，天下干戈突起，他就成了袁绍的踏脚之石，实在是令人叹怜。

袁绍巧取了冀州后，一下子就从寄人篱下，时刻为兵粮供给烦愁的破落户，变成了兵众粮足的大豪强，气势自是非往日可比。他曾踌躇满志地问别驾沮授："如今贼臣作乱，朝廷西迁，我袁家世代受宠，现决心尽全力以兴复汉室。我想与卿等同心戮力，共安社稷，不知别驾有什么妙策？"

青瓷鸟兽尊

沮授回答说："将军年少入朝，已扬名海内。在废立之际，又能发扬忠义，以单骑出走，使董卓惊恐。渡河北上，将军令渤海从命，仅以一郡之卒，即得冀州之众，可说是名望重于天下！如今将军可先兴军东讨，平青州黄巾，再定黑山，消灭张燕，然后回师北征，平公孙瓒，震慑戎狄，降服匈奴，这样将军就可拥有黄河以北的四州之地了。将军以此为资，收揽英雄俊才，集合百万大军，到时迎皇上于西京，复宗庙于洛阳，号令天下，诛讨未服，那时还有谁能抵御得了将军你呢？"袁绍听后，放声大笑说："别驾所言，正是我的心愿啊！"当即加沮授奋威将军之号，使他

监护诸将。但袁绍终没能挟天子以号令天下，这一点成为他后来失败的一个原因。另外袁绍是一个缺少政治才能的人，他在冀州“使豪强擅恣，亲戚兼并，下民贫弱，代出租赋，衒鬻家财，不足应命”，治中审配的家族，竟藏匿罪犯。政治上的失败也注定了他不是能够平定乱世的君主。

袁绍得到冀州后，并没有首先讨伐黄巾，匡扶汉室，而是积极地攻打其他豪强，兼并土地。他当时的主要对手是北面的公孙瓒和南方的袁术。从公元 191 年 ~ 公元 198 年，将近十年的时间里，袁绍的主要精力都用在了讨伐公孙瓒上。公元 191 年，袁术以孙坚领豫州刺史，屯阳城。孙坚出兵攻击董卓时，身为东方联军盟主的袁绍非但不给予协助，反而趁机派周昕袭取袁术的鲁阳。袁术派遣公孙瓒之弟公孙越助孙坚回救鲁阳，不想公孙越在作战中被流矢射中身亡。当时，公孙瓒正在青州镇压黄巾军，他听到消息后愤怒地说：“是袁绍害死了我弟弟。”于是举兵攻打袁绍，就这样袁绍与公孙瓒之间开始了漫长的兼并战。

战争初期，公孙瓒攻势凌厉，一时之间，冀州郡县纷纷望风而降。袁绍一看形势不妙，就提拔公孙瓒的从弟公孙范任渤海太守，想以此取悦公孙瓒，缓和局势。不料，公孙范到了渤海后，立即就倒戈了公孙瓒。袁绍与公孙瓒之间的战斗由此再也无法遏制。汉初平三年，即公元 192 年春，袁绍与公孙瓒于界桥南二十里进行的一场战斗，是双方争霸的关键性一战。当时，公孙瓒在兵力上占有优势，他以三万步兵排列成方阵，两翼各配备骑兵五千多人，自己骑白马于中间督战。而另一方的袁绍则令麴义率八百精兵为先锋，以强弩千张为掩护，亲自统领步兵数万人在后。战争开始后，公孙瓒首先开始了冲锋，袁绍的大将麴义则指挥士兵埋伏在盾牌下等待时机，当公孙瓒的骑兵冲到相距几十步的地

方时，麴义率众一起跳跃而起，砍杀而出，与此同时，千张强弩齐发，向公孙瓒的骑兵飞射。公孙瓒的军队被打了个措手不及，骑兵、步兵争相逃命，全军立即陷入一片混乱。麴义见此情景，率领袁绍军越战越勇，竟于阵前斩杀了公孙瓒所署冀州刺史严钢，杀敌千余人。公孙瓒只好率军撤到界桥，想在这里固守，结果又被麴义击溃。战争进行到此时，袁绍都一直在后方指挥，见公孙瓒已败，于是他命令军队追击，自已随身只带着强弩数十张和持戟卫士一百多人缓缓而进。在距离界桥十余里处，袁绍下马卸鞍，稍事休息。这时公孙瓒部中两千多逃散的骑兵突然出现，与袁绍相遇。这是一场遭遇战，双方谁也没有预见到会相遇。两千多骑兵迅速将袁绍的一百多人包围了起来，立时箭如雨下。别驾田丰一把拉住袁绍，要他退进一堵矮墙里，袁绍则甩开田丰的手，猛地将头盔掼在地上说："大丈夫宁可冲上前去战死，躲在矮墙之后，难道就能活命吗！"他指挥强弩手应战，将冲在前边的敌骑纷纷射杀，成功地阻止了敌骑的进攻。一来这毕竟是一群已经被击败的散兵，只是想在战败时占点便宜；二来他们中也没有人认出是袁绍在指挥，所以敌骑见没得到好处，反损失了不少人，不一会儿就渐渐向后退去了。少时，麴义领兵来迎接袁绍，公孙瓒的骑兵也就撤走了。

界桥一战，袁绍取得了绝对性的胜利。界桥之战以后，袁绍对公孙瓒的战斗就由被动防守转为主动攻击，消灭公孙瓒对袁绍而言就只是时间问题了。界桥之战后的同一年，公孙瓒又派兵到龙凑攻打袁绍，结果再次被打败，此后遂退守幽州，不敢再轻举妄动了。界桥之战的第二年，董卓担心袁绍的势力进一步扩张，就出面做和事佬，以朝廷的名义派太仆赵岐奉命劝和，袁绍与公孙瓒经过一年的战争，双方也都觉得需要调整，于是同意调解，

宣告休战。

同年三月，袁绍南下薄落津，恰在这时，他的大后方失火了。魏郡发生了兵变，造反的兵士和黑山起义军会合，占领了邺城。一时之间，整个邺城有十多支起义部队。在义军中有一个叫陶升的将官叛变了义军，他到邺城后把袁绍和州内其他官吏的家属都保护了起来，并护送他们到了斥丘。袁绍回军，兵屯斥丘，任陶升为建义中郎将，随后对义军开始进行报复性的围剿。袁绍军在鹿场山苍岩谷围攻黑山军五天，斩杀了黑山军首领于毒。接着袁绍又进一步镇压了左髭丈八、刘石、青牛角、黄龙、左校、郭大贤、李大目、于氐根等多支起义军，将他们的屯壁尽屠，死者达数万人。

从公元 192 年 ~ 公元 195 年，中原局势发生了一系列的变化。在这段时间里，袁绍一直都在黄河以北进行着统一北方的战争。期间，公孙瓒兼并了幽州的刘虞。于是刘虞旧部鲜于辅等为刘虞报仇，招引乌桓，攻打公孙瓒。袁绍趁机集中十万兵力与鲜于辅等合兵，在鲍丘共同打败了公孙瓒，迫使公孙瓒退保易京，至此公孙瓒败局已定。

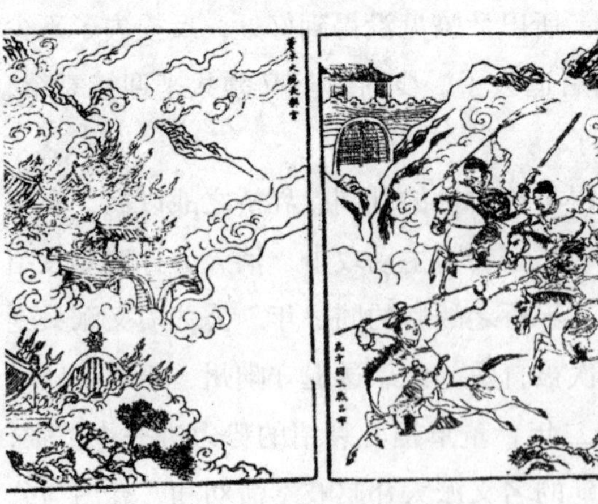

《三国演义》插图

汉兴平二年，即公元 195 年十月，汉献帝在杨奉等人的护卫下逃到曹阳。沮授提醒袁绍应把汉献帝这面旗帜抢到手。而郭图、

淳于琼等人反对，认为汉室衰微已久，不可能重振。况且若把天子迎到自己身边，动不动都得上表请示，服从命令就失去了权力，不服从就有抗拒诏命的罪名，所以不是一个好办法。沮授又苦口婆心地劝告，可惜袁绍终究没有采纳沮授的意见，以致错失良机。

公元 198 年，袁绍亲领大军围攻易京，公孙瓒遣其子公孙续向黑山义军求救。袁绍上架云梯，下挖地道，不断加强攻势，易京危在旦夕。翌年春，公孙续和黑山军首领张燕带领十万救兵分三路向易京进发。公孙瓒派人给公孙续送密信，约定以点火为信号，内外夹击袁绍。不想，信被袁绍的哨兵截获。袁绍知道了公孙瓒的计划后将计就计，依照约定的信号点起火堆。公孙瓒误以为救兵已到，领兵攻出，反遭袁绍伏击，只得又龟缩入城。最后易京城破，公孙瓒缢杀姐妹妻子，然后欲引火自焚，但未等被火焰烧死，袁绍的士兵已经赶到，最后公孙瓒还是被冲入城的袁绍士兵所斩。至此，袁绍占据了幽州，兼并了公孙瓒的军队。

二、兵粮足备的淮南袁术

袁术，字公路，汝南汝阳人，司空袁逢之子。年少时的袁术很是不务正业，完全是一副世家公子哥儿的模样，成天与“诸公子飞鹰走狗”。等袁术的年龄大了些，他才有些节制，后凭借家世被举孝廉，累迁为河南尹、虎贲中郎将。

董卓入京后，废少帝立陈留王，为收买袁氏家人，用袁术为后将军。袁术知董卓生性残忍，不得人心，久必生祸，他便逃出洛阳，出奔到了南阳。当时长沙太守孙坚出身地方豪强，他与荆州刺史王睿一向不和。各州郡起兵讨伐董卓后，王睿与孙坚也都起兵响应。而孙坚则趁机杀了王睿，率部队数万人，进兵到南阳。南阳太守张咨见孙坚兵力强悍，又歧视孙坚为地方豪强，遂不肯供给军粮给孙坚。孙坚设计诱斩了张咨，引兵投靠了刚刚逃到南阳的袁术，想借袁术四世三公的家世得到庇护。袁术表孙坚为破虏将军，领豫州刺史，令孙坚以鲁阳为据点，进兵讨伐董卓。孙坚与董卓作战接连胜利，并攻克了洛阳。不久，董卓撤回长安，袁绍所率领的联军也随之解散。

袁绍回渤海后想立刘虞为帝，以便于自己控制，就写信希望袁术能支持。袁术有自立之心，不肯同意，反用一大堆冠冕堂皇

的托词进行反对，从此袁绍袁术表兄弟两人反目，开始相互攻伐。袁绍得冀州后，就派会稽周昕趁孙坚与董卓作战尚未回归的时候夺取豫州。袁术得知消息后立刻调回孙坚，击败了周昕，袁氏兄弟之间的战争由此开始。

关东联盟破裂以后，豪强割据四方。在众豪强中，当时势力最强的就是袁术。在军事上，他有人称"江东猛虎"的孙坚辅佐。孙坚的政治能力虽然较差，但确实是一个了不起的军事家。他自长沙起兵后，让袁术稳稳当当地占据了荆州最靠北的南阳郡。据《后汉书》记载，当时南阳有三十七城，五十万户，总人口超过二百四十万人，农业、手工业、商业都十分发达，是东汉第一大郡。南阳郡旁边就是袁氏一族的乡里所在汝南，汝南有三十七城，四十万户，人口二百一十万，其规模仅次于南阳。可以说，袁术在当时所具有的物质条件与军事条件都是得天独厚的。有了这样的优越资本作前提，再加上袁术本身的家世与威望，他的野心也就随之膨胀起来，滋生了割据称帝的愚蠢想法。

袁氏兄弟反目以后，袁绍与刘表联合，而袁术与公孙瓒联合，两派之间相互攻伐，旷日持久。公元 192 年，袁术遣孙坚攻

彩绘砖画

击襄阳刘表，孙坚在追击中误中埋伏，被刘表部将黄祖射死，这对袁术而言是一重大损失。不久，公孙瓒为报杀弟之仇，联合刘备、袁术共击袁绍。袁绍则联合曹操进行反击，结果袁术等豪强被袁绍击败。公元193年，袁术占领陈留，屯军封丘。陈留是曹操的势力范围，于是曹操对袁术发起攻击。袁术和黑山余贼、匈奴於扶罗等联合与曹操在匡亭交战，结果被曹操击败。袁术无奈，只好退保雍丘。这时扬州刺史反，袁术遂回师攻克扬州。长安李傕与郭汜兵变后，李傕想以袁术为外援，于是授袁术为左将军，而此时的袁术已经在准备称帝了。

袁术像

当初孙坚得传国玺，袁术听说了，就扣押了孙坚妻室，夺取了传国玺。汉兴平二年冬，献帝逃出长安，被李傕、郭汜追赶，无处栖身。袁术趁机大会群下，他对部下说：“如今天下动荡，刘氏已经衰弱，我家四世公辅，为百姓所归附，正要顺应民意，诸位认为怎么样？”袁术此话一出，满堂文武立刻鸦雀无声。他们都清楚这是违背民意的事，听了袁术的话后，都一时间不知道该说什么好了。还是主簿阎象打破了寂静，他

说："当初西周自后稷发展到文王，积德累功，得天下三分之二，仍从于殷商。明公虽是四世三公，可也没有西周那样的德望吧？何况汉室虽微，也没有到达殷纣那样的窘况啊。"

袁术听了阎象的话，知道部下们都不同意，但还是不死心，又召张范。张范谎称有病，派弟弟张承去见袁术。袁术说："当初周室衰微，于是有齐桓公与晋文公的霸业；秦王失政，于是又有汉朝的兴起。现在我地广人众，想以此学习齐桓公与晋文公，仿效汉高祖，你觉得可以吗？"

张承听后，毫不客气地回答说："得天下在德不在众。如果用德取得天下，就是布衣百姓也能称霸。可要是贪得无厌，违背天意而行动，就会被众人遗弃，是谁也帮不了他的！"袁术听后，很不高兴，可一时也没有办法。

孙坚死后，孙坚之子孙策接收了父亲的兵将。袁术令孙策攻扬州刺史刘繇。孙策趁击败刘繇的机会占据了江东。当时孙策听说袁术要称帝，也写信劝阻，但袁术不听良言，一意孤行，于是孙策与袁术断绝了关系。

建安二年，即公元197年，袁术称帝，自称"仲家"。随后，袁术遣使将称帝一事通知于吕布，并为其子聘吕布女。吕布则逮捕了袁术的使臣，将他们送去献帝所在的许昌，交予曹操处置。袁术得知之后，一气之下遣将张勋、桥蕤攻击吕布，结果大败而还。随后，曹操亲攻袁术，袁术败走，留张勋、桥蕤守蕲阳拒曹。张勋、桥蕤哪里是曹操的对手，蕲阳城破，桥蕤被曹操所斩，张勋则败走逃亡。袁术屡战屡败，大将又被曹操所杀，其部下遂开始先后叛离。这时，袁术的根据地江、淮地区正处灾荒，一时之间，饿殍遍野。袁术沛相舒仲应原是袁术亲信，袁术为防万一，曾以米十万斛令舒仲应看管。舒仲应见饥民载道，遂开仓

放粮，将十万斛米尽散饥民。袁术听说后大怒，将舒仲应逮捕，想要杀他。舒仲应见到袁术后说："我知道自己一定会死，所以才这样做的。宁可用我一人的命，救百姓于涂炭。"袁术听后，拉住舒仲应的手说："仲应，你只为了得天下重名，就不和我在一起了吗？"至此，袁术尽失人心。

袁术也清楚地认识到，自己已经失败。称帝不到三年，建安四年夏，袁术烧毁宫室，向部将陈简、雷薄等驻扎的山地逃亡。陈简、雷薄等人遗弃了袁术，拒不接纳。袁术处境更加困穷，士卒都纷纷逃散，将帅也都先后离袁术而去。袁术无奈，只好将帝号送给了表兄袁绍，以期换取袁绍的帮助。袁绍暗中接受了袁术帝号，但他知道称帝一事必然会遭部下反对，也就暂时没敢施行。

得到了袁绍的默许，袁术便动身北上，打算去青州投奔袁谭。曹操得知消息后，令刘备在中途阻击袁术。袁术没办法，于是又返回了寿春。当年六月，袁术逃到江亭，病倒在床上，他叹息着说："我袁术竟落到这种境遇！"随后呕血倒毙。袁术死后，他的妻室子女都被他的部下庐江太守刘勋收留。孙策击败刘勋后，对袁术后人进行了妥善的安顿，后袁术女被纳入孙权宫，袁术子袁曜仕东吴，官至郎中。

三、国富地险的西蜀刘璋

刘璋，字季玉，江夏竟陵（今湖北潜江市西北地区）人，为东汉鲁恭王后裔。公元194年，东汉益州牧刘焉去世，刘璋继任其父之职，继为益州牧。《三国志》作者陈寿评价刘璋说："璋非人雄，而据土乱世，负致乘寇，自然之理。其见夺取，非不幸也。"根据历史上的记载，刘璋确实没有夺取天下的才能与野心，他如果生在太平盛世，应是一个很不错的文臣，可惜遭逢乱世，他的性格决定了他的命运，成了历史上软弱君主的代名词。

巴蜀地区，地势险要，自战国末年李冰修都江堰，地富民殷，富甲一方。又因蜀地距中原统治地区较远，民风蛮悍，自古就有"天下未乱蜀先乱，天下已治蜀后治"的说法。自秦汉以来，天下局势每一发生动荡，蜀人都守关割据，凭地势之险，称雄一时。汉高祖刘邦，被项羽封为汉中王，他正是依赖蜀地的物质基础才得以称雄，统一天下。可见，巴蜀地区确实有帝王之气。刘璋父刘焉也正是看重了这一点，入蜀以后，才产生了骄纵问鼎之心。

刘焉字君郎，汉灵帝时，黄巾乱起，刘焉以"刺史威轻……辄增暴乱"为借口，向汉灵帝建议在各州郡改置牧伯。当时的汉

灵帝已被农民起义吓破了胆，恰巧此时并州刺史张懿、凉州刺史耿鄙都被趁乱而起的贼寇杀害，于是刘焉的建议被汉灵帝所采纳，授刘焉为监军使者，领益州牧，另授太仆黄琬为豫州牧，宗室刘虞为幽州牧。州牧权重，此制一设，豪强权力立即扩大，割据形式遂成。

刘焉入益州后，用益州从事贾龙为校尉，一面实行安抚宽惠的政策，收买人心；一面又实行威刑，铲除异己力量，杀益州豪强十余人，以图谋割据。益州豪强看出了刘焉的意图后，自然不会听命于他。汉初平二年，犍为太守任岐与贾龙一同起兵反对刘焉，向刘焉发起了攻击，但却被早有防备的刘焉击败，任岐与贾龙都被刘焉所杀。从此以后，益州地区就再也没有有能力反对刘焉的人了。任岐与贾龙被杀后，刘焉也露出了原形，开始大造车辇，俨然一个土皇帝的派头。刘焉有四个儿子，刘范为左中郎将，刘诞为治书御史，刘璋为车都尉，都与献帝一起居住在长安，只有别部司马刘瑁一子跟随在刘焉身边。后献帝派刘璋去见刘焉，刘焉便借机留刘璋在身边，没有再让他回长安。汉兴平元年，征西将军马腾与范谋起兵攻击李傕，刘焉派兵五千助战，反

三国魏·钟繇·宣示表

被李傕击败。李傕恨刘焉助战，于是杀刘范与刘诞以泄愤。

刘焉听说刘范与刘诞被杀，白发人送黑发人，心痛如刀绞。说来也巧，这时又发生了莫名其妙的火灾，他制造的车辇以及民宅馆驿尽成焦土。不得已，刘焉将居地从锦竹迁往成都，不久就因背上生疽过世。刘焉死后，州大吏赵韪知刘璋生性温仁，遂立他为刺史。随后朝廷下诏任刘璋为监军使者，领益州牧，以赵韪为征东中郎将，大有两相牵制的用意。

刘璋继承父位没几天，就出现了一场大乱。当初南阳、三辅灾民数万户流入益州，刘焉将这些人都收为己用，编成军队，称为“东州兵”。刘璋柔宽无威，而来自外地的东州兵与本地居民自然少不了摩擦。刘焉一死，东州兵立即进入无政府状态，失去了控制，开始四处抢掠，无法禁止。益州旧士对刘璋的处置失当都十分不满，纷纷离去。益州豪强赵韩之在巴中甚得人心，刘璋便重用赵韩之，以安抚内政。可赵韩之与赵韪却十分不和。赵韪见赵韩之掌权，就暗地里联系益州大姓，图谋造反。公元200年，赵韪举兵攻击刘璋，蜀郡、广汉、犍为都起兵加入了赵韪一方。在关键时刻，四处作乱的东州兵帮了刘璋大忙。东州兵因担心赵韪事成后对他们进行屠杀，都为刘璋死战，于是叛乱被平，赵韪兵败，于江州被斩。这样一来，益州的大权就又落到了刘家人的手中。

一乱刚平，一乱又起。在汉中的张鲁见刘璋软弱也起了反叛之心。刘璋知道后，一怒之下杀了张鲁的母亲与弟弟。张鲁与刘璋由此结仇，双方攻战从此无止无休。建安十三年，曹操征荆州，刘璋派使臣表示友善，曹操因此加刘璋为振威将军，其兄刘瑁为平寇将军。刘璋便派别驾从事张松回见曹操。张松相貌一般，且为人高傲，曹操以貌取人，对其不加礼遇，使张松怀恨而

还。张松回巴蜀后立刻劝刘璋“绝曹氏，而结好刘备”，刘璋采纳了他的意见。

建安十六年，刘璋听说曹操要派兵攻击汉中张鲁，若汉中破，则巴蜀难保，刘璋惶恐不安，于是用张松计，迎刘备以拒曹操。主簿巴西人黄权谏言说：“刘备为当时枭雄，如今要是以部下的礼仪接待他，则他会不满，可要是视为上宾，则一国不容二主。我看借刘备拒曹这方法实在不是自安之道啊！”从事广汉人王累把自己倒着悬绑在城门上，以死谏言，劝刘璋不要迎刘备，但他们的话刘璋都没有听。后来，刘备入蜀，果起兵攻击刘璋。

建安十九年，刘备兵围成都。当时成都有兵三万，粮可用一年，城中吏民都愿拒战。刘璋说：“我父子在益州二十余岁，于百姓没有什么恩德，三年攻战，肥田变成荒野，这是我刘璋的错。我怎么能安心啊！”遂开城出降，群臣属下无不哭泣。

刘备入成都后，将刘璋家的财物和振威将军印绶全都送还给了刘璋，迁他住到了南郡公安。后孙权杀关羽，取荆州，占领公安，又用刘璋为益州牧，居住在秭归。刘璋死后，南中豪强雍闿占据益郡投靠了东吴。孙权便又启用刘璋之子刘阐为益州刺史。诸葛亮平定巴蜀以南后，刘阐撤回到了东吴，被孙权授予御史中丞。

四、气震九州的荆州刘表

刘表，字景升，山阳高平人，身高八尺余，相貌帅气，和刘焉一样都是皇亲，为东汉鲁恭王之后。刘表自幼勤思好学，善于独立思考。在他十几岁的时候，就曾针对自己的同乡兼老师——南阳太守王畅过于简朴的生活作风提出了疑问，他说："奢不僭上，俭不逼下，盖中庸之道，是故蘧伯玉耻独为君子。府君若不师孔圣之明训，而慕夷齐之末操，无乃皎然自遗于世！"这段话在表面上是借孔子的中庸以否定伯夷叔齐的廉洁，其实并不是这么简单。汉桓帝时，宦官当权，奢靡之风不可遏止，到处都有祸国殃民的贪官，耿直中正的官员多被当成党人擒杀。刘表的话并不是否定廉俭的为官作风，而是在为王畅的性命担忧。一个十几岁的少年能说出如此让人深思的话，足见其思考的独立性。

而王畅听了刘表的话后回答说："现在不节俭的官员已经是多数了，我这样做的目的就是为了纠正这种存在于世俗中的错误。"可见王畅也清楚节俭为官的生活方式是与其所处的黑暗官场背道而驰的，但却仍旧固执地坚持着自己的行为方式，希望以此能教化社会，这是一种具有悲剧性的高尚人格。接近这种人的刘表不可能不受其影响，使他与耿直派官僚站在一起。

公元167年，汉桓帝死，灵帝继位，太学生和全国士人共相标榜，给大名士三十五人立称号。外戚窦武、官僚陈蕃、宗室刘淑三人称三君，被尊为士人的首领；李膺与另外八名名士被评为八俊，有当世俊杰之意；郭泰、范滂等八人被评为八顾，是说他们的德行出众；而张俭与刘表等八人则被评为八及，意思是说这八人的德才可以引导后进之人；另外还有度尚等八人被称为八厨，因为他们家境富裕，并经常救济贫士。太学生们给大名士立称号不久，宫廷发生政变，宦官杀死窦武、陈蕃，随后又杀逐所有窦、陈派的朝官，大肆捕杀党人，展开了我国历史上的第二次党锢。刘表被评为“八及”，自然也在宦官们的捕杀之列，刘表侥幸逃亡，方才免遭被害。

黄巾之乱起，灵帝解除党禁，刘表被大将军何进征召，授予北军中侯，掌管禁军。初平元年，董卓专权，关东骚乱，长沙太守孙坚杀荆州刺史王睿，上书以刘表为荆州刺史，这是刘表一生最辉煌的时候。当时的荆州形势相当复杂，宗贼大起，四处为害。所谓宗贼，就是指荆州的地方中小豪强以家族同姓为基础，组织地方农民趁天下动荡之时，各自割据一方，各自为政。由此可见，宗贼不过是盘踞在地方上的一群土皇帝，并不可怕，而真正对荆州地区具有威胁的并非宗贼，而是袁术。孙坚杀王睿后投靠了袁术，由此袁术尽得南阳与汝南，并对荆州虎视眈眈。也许是因为当时的荆州正处于分裂动荡的状态，在袁术眼里是成不了气候的一堆散沙，所以袁术把注意力集中到了北方的董卓与堂兄袁绍身上，并没有及时对荆州下手，只是让孙坚屯兵鲁阳，使其在攻击董卓的同时，也阻止了刘表南下荆州赴任。

袁术屯军鲁阳，刘表就不可能带兵去荆州控制局势，否则还没等到荆州，就会先被孙坚击败，更何况董卓也不愿意给他兵

将。但刘表毕竟是当年太学生所立的八及之一，在士人中有着相当的威望。他干脆一个人独骑到了宜城，找老朋友——南郡人蒯越和襄阳人蔡瑁帮忙。刘表见了蒯越后说："宗贼虽盛但却不能附众，并没什么大碍，就怕袁术来夺取荆州，那样的话就大祸临头了。我想要征兵，又担心征不上来，你看应该怎么办呢？"

蒯越回答说："要让人归附就要先施行仁义，要想平定动乱就要先采用权谋。兵不在多，贵在得人。袁术骄傲无谋，宗贼大多贪暴。我平日里供养了一些豪杰，要是派人去和他们说清利益关系，他们就一定会带领他们的部下过来。到时可把他们编成军队，率领他们去攻击宗贼中的无道之徒，收拢那些有才能的人，恩威并重，这些人就会归附于你了。有了兵，豪强也必然会归附于你，再占据江陵，扼守襄阳，南北交通要冲在手，荆州八郡就可以以檄文劝降的方式安定。到那时候，即使袁术来了，也不能做什么了。"蒯越所说的话，刘表其实都明白，否则也就不找蒯越了。于是刘表用蒯越诱杀宗贼帅五十五人，并收编了他们的军队，一举平定了宗贼势力。后来刘表又平定了零陵、长沙等郡，结束了荆州的混乱局面。荆州乱平，刘表被晋升为荆州牧、镇南将军，理兵襄阳，地方数千里，带甲士兵十余万，成为仅次

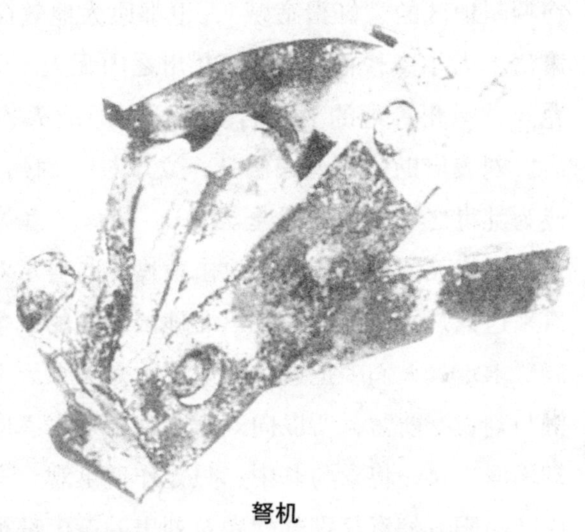
弩机

于袁绍、袁术兄弟的地方豪强。

袁绍、袁术兄弟相争，袁绍与刘表结盟，于是袁术派孙坚攻击刘表。刘表被孙坚击败，只好固守襄阳，恰逢部将黄祖赶到，与孙坚交战，结果孙坚中流箭而死。建安元年，董卓旧部张济率军自关中逃到南阳，因缺粮而攻穰城，被刘表守兵乱箭射死，刘表遂收张济兵。刘表气度儒雅，治理荆州，虽无问鼎中原、平定乱世的举措，但由于他威怀兼治，因此即使是盘踞在荆州地区的“奸猾宿贼”，也都愿为他效命，荆州境内“万里肃清，大小咸悦而服之”。九州之内无人不知刘表贤能，关西、兖州、豫州等地的上千名士为避中原战火，远下荆州，归附刘表。刘表借助这些人兴儒学，立学校。荆州地方百姓生活安乐，成为乱世之中的一块乐土。

袁绍灭公孙瓒后南下攻击曹操，与曹军对峙于官渡。在今天看来这只是一场决定长江以北地区归属的战争，但在当时，三国局势未定，人们多把这一战争视为是关系天下命运的决战。袁绍因与刘表有前盟，所以向刘表求助，刘表答应了袁绍的请求，但却不派一兵一将参与其中，只是作壁上观，等待天下变化。从事中郎南阳人韩嵩与别驾刘先对刘表的态度都很是不满，他们对刘表说：“现在豪杰并争，两雄相持，天下局势的变化都看将军的决定。如果想要有所作为，趁机崛起攻击势力较弱的一方就可以了；如果不想有所作为，就一定要选择一方归顺于他。怎么可以如将军这样拥有甲兵十万，却坐观成败呢？袁绍求援，将军不予帮助，曹操贤能，将军却又不肯归顺！这是在让两方都怨恨将军，不能保持中立的方法啊。曹操善用兵，且贤俊多归曹操，最后一定可以战胜袁绍，到时候他必移兵江汉，那时恐怕将军就不能抵御了。所以不如率荆州之众归附曹操，曹操必为此重用将

军，将军子嗣后人都会因此而有所保障，这才是万全之策。”蒯越等将也都劝刘表降曹，刘表却半信半疑，无法作出决断。

建安六年，袁绍战败后，刘备逃奔到荆州，刘表虽厚待刘备却始终不予以重用。建安十三年，曹操肃清袁氏残余，已经基本上平定了北方地区，于是他决定亲自统军南下，征讨刘表。可曹操大军未至，刘表已于同年八月在襄阳病逝。刘表的部下们去为刘表吊丧，这时才发现据守荆州二十年的刘表竟然家无余积，其清廉之风正如他的老师王畅一样。

三国·褐釉瓷铃状物

刘表有两个儿子，长子刘琦、次子刘琮。刘表本喜欢相貌与自己相似的长子刘琦，后刘表娶蔡氏为妻生次子刘琮，事情便由此发生了变化。蔡氏为了让自己的孩子继承刘表的位置，经常在刘表面前诋毁刘琦，时间一久，刘表也就开始疏远长子。刘琦深知权力之争的利害关系，日夜担心自己被蔡氏谋害，就向他的舅舅琅邪人诸葛亮求自安之术。诸葛亮知道这其中牵扯的问题太多，所以开始并不愿意给他出主意。后来，刘琦着急了，把诸葛亮骗到了一个小阁楼上，又让人撤去了上楼的扶梯，然后对诸葛亮说：“今天我们处于上不至天、下不至地的地方，话从你的口

中说出，进入我的耳朵，现在可以说了吧？”诸葛亮没办法，只好对他说：“你没听说过申生在朝中被害，重耳居外土则保全性命的事吗？”刘琦听后，立刻明白了诸葛亮的意思，正好这时江夏太守黄祖被孙权所杀，刘琦就向刘表上书说想要外任江夏，刘表同意了刘琦的请求，刘琦这才保全了性命。

刘琦去了江夏，蔡氏再无顾及。刘表死后，遂立刘琮为嗣。刘琮封自己的哥哥刘琦为侯。刘琦气得把侯印摔在了地上，打算在奔丧的时候对刘琮发起进攻。就在这时，曹操大军攻到，刘琦便撤回到了江南。蒯越、韩嵩及东曹掾傅巽等都劝说刘琮归降曹操，刘琮毕竟是个孩子，就是不愿意，大家也没有什么办法，只好投降。就这样，曹操兵不血刃得了荆州。随后曹操打算渡江灭亡孙权，结果于赤壁被孙、刘联军击败。赤壁战后，刘备表刘琦为荆州刺史。第二年，刘琦就病死了。

五、政教合一的汉中张鲁

张鲁，字公祺，沛国丰县（今天的江苏丰县）人。张鲁的祖父张陵，于蜀地鹄鸣山中学道后，自造道书，创建教派，蛊惑百姓。因入张陵教的人都要出五斗米，所以世人把这一教派称为五斗米教，汉豪强则称他们为米贼。张陵死，张鲁的父亲张衡继续传道。张衡死，张鲁便成了五斗米道系师。

张鲁的母亲也是个巫师，不知名姓，但根据史书上的记载，张鲁母长得很美，她也利用自己的美貌以“鬼道”惑众，并经常出入于当时的益州牧刘焉家。张鲁母常在刘焉面前为自己的儿子说话，刘焉于是用张鲁为督义司马，命他与别部司马张修一同带兵击汉中太守苏固。张修占领汉中杀苏固后，张鲁又杀张修，收编了张修的兵众。刘焉死，刘璋被立为益州牧。张鲁不服刘璋调度，刘璋便怒杀张鲁母、弟，张鲁自此割据汉中，与刘璋彻底决裂。

张鲁在汉中以“五斗米道”教化于民，建立起了政教合一的政权。张鲁袭张修后，自称“师君”。向他学道的人，初入教时称“鬼卒”，取得张鲁信任后，其中有才能的人则被提升为“祭酒”。“祭酒”统有部众，领部众多的被称为“治头大祭酒”。在

张鲁的汉中政权中，虽不置长吏，但祭酒实际上就是官吏。汉中地方政务，都以祭酒管理。汉中政权中不仅官吏任免具有宗教性，处理日常事务也同样有着浓重的宗教色彩。张鲁用五斗米教教规教导民众诚信不欺诈，人有病后多不求医，而令病人自述己过，好了说明心诚，死了说明罪孽深重。对犯法者则宽赦三次，如果三次以后再犯，才会加以惩处，而要是小错，不涉及法度，犯错的人修道路百步即可赎罪。另外，又依照《月令》，张鲁禁止在春夏两季万物生长之时进行屠杀，同时禁止酗酒。汉中政权最像慈善机构的一点是张鲁创立了义舍，在义舍内置米肉，供行路人量腹免费取食，同时宣称，取得过多，将得罪鬼神而患病。这种话虽然听起来可笑，但如果人们都相信的话，倒是确实可以避免贪欲，让义舍救助更多的人。

张鲁为政，以《道德经》为五斗米教的主要经典，为便于宣讲，于是为《道德经》作注，名《老子想尔注》。张鲁在《老子想尔注》一书中将“道”神格话，说其“散形为气，聚形为太上老君，常治昆仑”，这样一来，玄之又玄的道，就成了有形体的太上老君，成为宗教所供奉的神，使五斗米教有

三国·辽阳公孙氏墓壁画·车骑图

了遵奉之主。张鲁又说“道精”，“分之与万物，万物精共一本”，臣民都必须“顺道意，知道真”，以“行诫守道”。这样一来，张鲁就把统治理念隐蔽在了宗教的外衣之下。随后，张鲁又进一步把人的行为与因果理论、长生不老联系到了一起，他说“生道之别体”，道人“但归志于道，唯愿长生”，“道设生以赏善，设死以威恶”，只有“奉道诫”，“积善成功”，“积精成神”，才能不死成仙。而“治国之君务修道德，忠臣辅佐在行道……道普德溢，太平至矣。吏民怀慕，则易治矣。悉如信道，皆仙寿矣”。同时张鲁反对淫祀，明确指出“天之正法，不在祭餟祷祠”，对《河》《雒》纬书也予以否定，提出道徒“忠孝至诚感天”、通过修行自臻“仙寿”。这样看来，张鲁的五斗米教从根本上说就是在于治世，成仙与神仙都是他用来蛊惑民众的手段而已。这种思想虽然不很进步，但以当时的历史条件，对维护统治者的统治与教化民众、导人向善都是有积极作用的。

东汉末年，豪强混战，社会动乱，正是张鲁的这些政策吸引了不少人逃到了相对安定的汉中地区。当时只从关西子午谷逃奔汉中的民众就有数万家。而又因为张鲁采取宽惠的统治政策，不像过去的汉族豪强那样对周边少数民族进行压榨剥削，所以巴夷少数民族首领杜濩、朴胡、袁约等人也都支持拥护张鲁。反过来看，五斗米教也借其政权的力量扩大了影响。这种影响对我国道教的形成传播与发展，都有着深远的意义。

张鲁的政治主张决定了他只能以一个防守者的姿态割据一方，过于积极地扩张领土是与其教义相冲突的。曹操挟天子于许昌后，忙于中原地区与黄河以北的战事，虽把持着东汉政权，却无暇顾及汉中，遂封张鲁为镇夷中郎将，领汉宁太守。在这种情

况下，张鲁统治巴、汉地区近三十年。公元215年，曹操从赤壁的失败中恢复，此时的刘备又占领了益州，汉中的战略地位便突显出来。曹操便于这一年，亲率十万大军西征汉中。张鲁听说曹操来攻，根本无心应战，主张投降，而张鲁之弟张卫则不同意，率数万人马至阳平关坚守。起初，董昭对曹操说："张鲁容易攻取，阳平城下的南北山相距很远，阳平城不易守住。"于是曹操发兵。等曹操到了阳平，才发现实际情况与董昭所说不同。曹操感叹说："和他人商量，很少能合乎我的心意。"结果曹操久攻阳平山难克，伤亡甚重，就令攻阳平关山的士兵退回，打算撤兵。不想曹操的前军并没有收到撤退的消息，撤兵前一天的夜晚，稀里糊涂地杀入了山上的张卫军营中，将这一军屯的张鲁军击溃了。这样一来，战局发生了变化，在众将的建议下，曹操再次下令攻击阳平关。而在张卫与曹军于阳平对战的时候，张鲁却早已逃到了巴中，曹操军再次发起进攻后，张卫遂大败。曹操军进汉中，张鲁在巴中粮尽，至此投降。

张鲁降曹后，曹操也看到了张鲁在宗教中的作用，因而拜张鲁为镇南将军，封阆中侯，邑万户。张鲁五子也都被封侯，并为子曹彭祖娶张鲁女，与张鲁联姻。张鲁死后，谥原侯，葬于邺城东，即今河北临漳。另外，在张鲁投降后，大量五斗米教徒众北迁，五斗米教的势力从而发展到了北方和中原地区。

点　评

在五代十国时期，有人说："兵肥马壮者为王。"此话颇有点"枪杆子里面出政权"的意思。不错，武力是决定一个政权能否存在的必要条件，但若想在乱世中清平海内，就不能只靠武

力，还要考虑众多政治因素与整体战略。在大动荡的三国时期，可谓人才济济，但不同的人才，适合不同的社会环境，能扫平乱世的人必须具有非常的才干。

袁绍与袁术兄弟两人，本具有平定乱世的势力，可两人又都有野心，动乱一起，兄弟之间首先反目。袁绍身为反董盟主，却向自己的弟弟下黑手，攻击鲁阳，令孙坚无法进攻董卓，这种行为怎么能不让人寒心呢？而后袁术又迅速称帝，德未立，天下未得三分之二，局势还一片混乱，就开始倒行逆施，最后落个众叛亲离，暴毙而终，也是咎由自取。所以袁氏兄弟虽出身四世三公，但终不能成事。

刘焉出身皇亲，不想辅助天子，重振汉室，却找了巴蜀这么个地方当土皇帝，既不能立名于天下，也不能贤达于名士，好在过早暴毙，否则恐怕也会遗臭万年。而刘璋的才能若为一刺史，则安分守己，无大功也终不至于有大过。可偏偏因为他的身份而被推到了历史的风口浪尖之上。他确实没有力挽狂澜的本事，知其不足，而能退位让贤是他最明智的地方。

刘表与刘焉同为皇亲，他的才干显然与刘焉各有长短。在名望与能力上，刘表都不弱。古往今来，有能力独骑一人平定一方骚乱的能臣屈指可数，但无论是野心，还是能力，刘表都显然并不适合当时的乱世。曹操、袁绍相争时，他观望天下，按兵不动，就足以说明他的志向，所以曹操说他是“自守之贼”是恰当的。既然无心天下，那么刘表家在荆州不过两代就降曹操，也是情理之中的事情了。

至于张鲁，本身就是一个乘势而起的老道，他这样的人就更无心争夺天下了。他也清楚自己的状况，在汉中三十年，能让汉中人民安居乐业，这也是他的功绩，其后世能享尽荣禄，

也在于此。

而曹操、刘备、孙权三人，都是盖世人杰。他们都能据一方水土，得士民之心，于政治上，在内发展生产，在外灵活外交；于军事上，或以攻为守，或以守为攻，巧妙结合，如此一来，势均力敌，天下也就很难不成为三足鼎立了。至于谁能问鼎，最后就看谁能坚持的长久了。刘备的后人与孙权的后人，一个昏庸，一个残暴，都不是有所作为之人。曹氏江山后来被司马氏所取代，而也正是这种带有血色的改朝换代，让中原政权的统治比其他两地清明了一些，使西晋一统天下有了可能。

相关链接

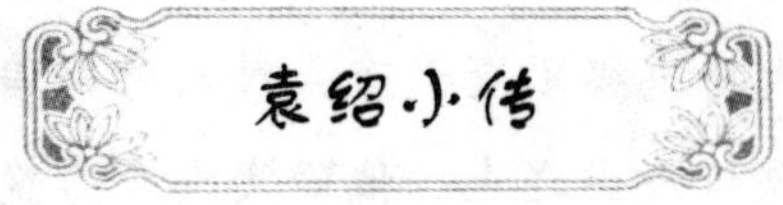

袁绍小传

袁绍(153～202 年)，字本初，是汝南汝阳（今河南商山西北）人。袁绍出身于名门大族，家族从曾祖父起四代中有五人位居三公。袁绍从年少时就能结交贫穷的士人，因此知名当世。汉灵帝死后，大将军何进与司隶校尉袁绍合谋诛除宦官，不幸事情败露，何进被杀，后来袁绍率军杀尽了宦官。等到董卓专权，袁绍因政见与董卓相左，于是逃奔到冀州，董卓不得以封他为渤海太守。初平元年（190 年），关东各州郡牧守联合起兵以讨伐董卓，袁绍因威望颇高而被推选为盟主，自号车骑将军。董卓不久便被杀。关东军内部则开始互相兼并。袁绍夺取冀州牧韩馥的地盘，自领冀州牧，此后不久又夺得青州、并州。建安四年（199 年），袁绍消灭了幽州公孙瓒。至此袁绍已占据了黄河下游的四

个州的领土，手下有数十万军队，成为中国当时最大的军阀势力。同年，袁绍准备向曹操发起进攻，直捣许都，把汉帝劫获在自己手中，这样让自己在政治上占据有利地位。其手下监军沮授、谋士田丰都劝袁绍先进驻黎阳，以据守黄河，以逸待劳，然后派遣精锐骑兵不停地骚扰曹军，这样不出三年就可击败曹操。然而以郭图、审配为代表的一部分将领凭借自己兵多将广，则主张迅速决战。袁绍采纳了后者的意见，于建安五年(200 年)发布讨伐曹操的檄文，亲率十万大军进军黎阳。同年与曹操决战于官渡，结果大败，主力被歼灭了七万多，只与其长子袁谭带着八百多骑兵逃回河北。两年后，袁绍因忧愤而病死，不久诸子也败灭，所占据的领土全部被曹操所兼并。

第三章
曹操、孙权和刘备的兴起

一、从讨伐董卓到挟天子而征伐的曹操

曹操，沛国谯县（今安徽亳州）人，出生在一个显赫的宦官家庭，他生于公元155年，死于公元220年，又名吉利，字孟德，小名阿瞒。曹操父曹嵩，是东汉大宦官曹腾的养子。曹嵩的出身，在当时就已经弄不清楚了，有人怀疑是夏侯氏之子，这也是有一定道理的，不过这些还是不要去管了，就以陈寿的“莫能审其生出本末”来定论好了。

曹操“少机警，有权数”，自幼博览群书，善于诗词，而且曹操还有一身过人的武艺，也因此在年轻的时候，他和很多公子哥儿一样，“任侠放荡，不治行业”，年长以后，才有所收敛。有一次，素以知人名世的太尉桥玄看见了曹操，大为惊奇，说：“天下将乱，非命世之才不能济也，能安之者，其在君乎！”然后，桥玄又让曹操去拜访汉末主持“月旦评”的名士许劭。许劭评价曹操说：“子治世之能臣，乱世之奸雄。”也不知许劭是依据什么评的，总之他的这一评价一直被沿用至今。

公元174年，二十岁的曹操被举孝廉，入洛阳为官，不久被任命为洛阳北都尉。曹操一到职，就申明禁令、严肃法纪，造五色大棒十余根，悬挂在衙门左右，有犯重罪的人，都被曹操用棒

打杀。有一次，大宦官蹇硕的叔父违禁夜行，被曹操逮到，曹操毫不留情，将蹇硕的叔父乱棍打死。这件事轰动了整个洛阳。大家都称赞曹操不怕权势，执法严明。宦官们则对他是又恨又怕，后来找了个理由，把他调出洛阳，到外地去当县令了。

公元184年，黄巾起义爆发，曹操被拜为骑都尉，与卢植等人合力大破颍川黄巾，斩敌首数万。平定黄巾之乱后，曹操被迁为济南相。济南国有县十余个，各县长吏都依附朝中权贵，贪赃枉法，无所顾忌。曹操之前的历任国相都对这种事置之不问。而曹操到任后，和在洛阳时一样，严明法纪，大力整饬，一次就奏免长吏八名。济南国内为之震动，贪官污吏纷纷挂印逃窜，于是“政教大行，一郡清平”。后东汉政治更加黑暗，曹操自知已无所作为，一来明哲保身，二来也为观察形势，他托病回归乡里，春夏读书，秋冬弋猎，过起了隐居的生活。

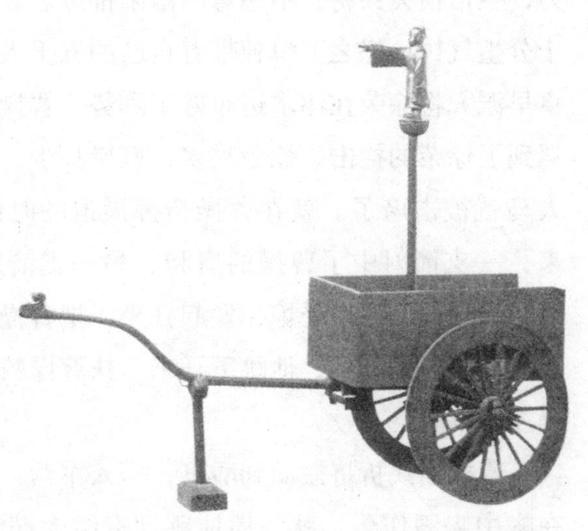

三国·指南车模型

公元188年，汉灵帝建西园军，设置西园八校尉，曹操被任命为八校尉中的典军校尉。第二年，何进被宦官所害，董卓趁机进入洛阳，废少帝，立献帝刘协。后董卓又杀太后及少帝，自称相国，总揽朝政。曹操恨董卓专权搅乱朝纲，便更名改姓，逃出

了洛阳，于陈留大散家财，举起义兵，准备讨伐董卓。公元190年，关东州郡牧守推袁绍为盟主，起兵讨伐董卓，曹操以行奋武将军的身份参加讨董联军。就在这一年的二月，董卓火烧洛阳，胁迫献帝迁都长安，而自己则留守洛阳，抵御关东联军。

当时的关东诸军十余万人屯驻酸枣，名为讨伐董卓，实际上却各怀鬼胎，其中除了曹操与孙坚外，多想伺机发展自己的势力，生怕损失兵将，不愿意向洛阳推进。曹操看出他们的想法后十分生气，一怒之下单独带着自己的五千人马向成皋进兵。而董卓早派大将徐荣在汴水边布好了阵势，曹操的人马刚到汴水，就遇到了徐荣的拦击。徐荣兵多，曹操兵少，双方一交战，曹操的人马就被击垮了。就在曹操指挥撤退的时候，两支冷箭射了过来，一支箭射中了曹操的肩膀，另一支箭射伤了曹操所骑的战马。战马被箭射中受惊，发起狂来，把曹操也掀了下去。幸亏曹操的部将曹洪赶到，他跳下马来，扶曹操骑上了自己的战马，曹操才得以脱险。

曹操损兵折将撤回到酸枣，一入军营，正看到关东诸军将领在帐中喝酒作乐，就气愤地跑到袁绍大摆酒宴的地方指责他们说："你们身为汉室重臣，以起义兵为名拥兵自重，不想为天下除害，却在这里犹豫观望，如此不臣的荒唐举动，别说让天下百姓心寒，我都觉得和你们在一起丢人！"说完曹操自行离开了联军部队，独自到扬州一带招募人马去了。曹操走后不久，关东诸军之间就发生摩擦，开始相互火并，州郡牧守各据一方，群雄逐鹿之势遂成。

汉初平三年，董卓被吕布杀死。此时的曹操正在青州围剿黄巾军的残余势力。当时青州黄巾军势大，他们连破兖州郡县，在杀死任城相郑遂后转入东平。兖州刺史刘岱想要出击黄巾军，济

北相鲍信劝阻说："现在黄巾贼众有百万人，百姓无不震恐，士兵毫无斗志，所以将军不可与他们硬拼。我看黄巾贼众虽然数量众多，但军中却没有什么辎重，只是靠钞略为资而已，咱们不如让士兵养精蓄锐，固守城池。他们想要打，打不了，想要攻城，又攻取不下，到没有了粮食的时候，也就只好作鸟兽之散，那时我军再选精锐之师，占据要害，攻击他们就一定可以胜利了。"刘岱没有听取鲍信的劝阻，出兵后果然被黄巾军斩杀。刘岱死，曹操谋士陈宫趁机前来游说鲍信，鲍信等于是迎曹操为兖州牧。曹操入兖州后与鲍信合军进攻青州黄巾军。结果，鲍信在与黄巾军的战斗中不幸战死，曹操则"设奇伏"，与黄巾军昼夜会战，最后终于将其击败，获降卒三十余万人，人口百余万。曹操在投降的青州黄巾军中挑选组编出了一支精兵队伍，号"青州军"，从此曹操的势力得以壮大。

有了强大的武力，曹操开始了以武力平定乱世的征程。此时，袁绍、袁术兄弟反目，关东豪强形成了两大阵营，一边是袁绍、曹操与刘表，另一边则是袁术、公孙瓒与陶谦。双方交战初期，胜负就已经分晓。袁绍一方从物质条件上虽然不如袁术，但其最高将领的军事素质明显要比袁术一方强。袁术与公孙瓒派刘备屯高唐，单经屯平原，陶谦屯发干，合围袁绍，却反被袁绍与曹操的联军尽数击败。初平四年春，曹操进鄄城，荆州牧刘表于后方切断了袁术的粮道，袁术则率军进入陈留，屯于封丘，合黑山农民起义军与於夫罗一同攻击曹操。袁术先令部将刘详屯兵匡亭，曹操于是引兵攻刘详，袁术出兵相救，皆被曹操击败。袁术无奈，只好退守封丘，曹操紧追不放，围攻封丘城，包围形式尚未完成，袁术已经率军突围，逃往襄邑，一直被曹操追赶到了太寿。袁术又据城坚守太寿，曹操则掘渠引河水灌城。袁术只好再

次弃城，逃到宁陵，曹操依然在穷追不舍，最后袁术逃回到了九江，曹操才回师定陶。

曹操回师定陶后不久，他的父亲曹嵩在陶谦的属地内被害，曹操听到消息后悲痛欲绝，立刻以为父报仇之名，出兵攻取徐州，进攻陶谦。关于曹嵩的死，历史上有两种记载：起初，曹操的父亲曹嵩去官后回到了谯地居住。董卓乱起以后，曹嵩就把家搬到了琅玡避难。《世语》中说，曹嵩居住在泰山华县，曹操得兖州后，令泰山太守应劭护送曹嵩来兖州。应劭的兵没到，陶谦已秘密派遣数千骑赶到了曹操家。曹嵩以为是应劭的人，就没有防备。等陶谦兵到了，先将曹操的弟弟曹德杀死在了门口，曹嵩才知事情不妙，便想翻后墙逃跑。他先让自己的妻妾翻越，可那小妾似乎是太胖了，翻越不过去，曹嵩只好跑到厕所里躲避，后来与妻妾一同被发现后遭杀害；关于曹嵩之死的另一种说法出自《吴书》。《吴书》中说，曹操派人迎接曹嵩，当时曹嵩随身带的财物有上百辆车之多。陶谦派都尉张闿领二百骑护送，张闿见财物众多就起了歹意，杀死曹嵩，劫取了财物后逃到了淮南。不管哪种说法是正确的，总之曹嵩的死与陶谦是脱不了干系的。

不过，即使曹嵩不是死在陶谦的属地内，曹操也一样会攻打徐州。徐州是曹操向东南扩张的重要目标，早在汉初平四年，曹操就已进兵徐州了。当时徐州牧陶谦抵挡不住，只好退守郯县。不久，曹操军粮将尽，无法继续攻击，才被迫撤回围军。至于曹操为父报仇的事，则是他第二次征徐州。这一次，曹操军大肆杀戮，一路上“鸡犬亦尽，墟邑无复行人”。孙盛看见后说：“为复仇而兴师，自古就有，但只因陶谦一人的原因，就大肆杀戮陶谦部署，实在是太过分了。”

曹操一怒之下做出的不义之举，也让他付出了沉痛的代价。自讨伐董卓起就跟随曹操的陈留太守陈宫对曹操的举动十分不满，于是他趁曹操远在徐州未还的时候，开陈留城门，迎吕布做兖州牧，背叛了曹操。陈宫的背叛使曹操的处境立刻陷入危局。陈宫叛变后，曹操所掌握的就只有鄄城和东郡的范县与东阿两县了，那时分别由司马荀彧和寿张令程昱、东郡太守夏侯惇等人坚守，形势万分危急。不过吕布也仅虎将一员而已。运用战术，冲锋陷阵，纵横疆场，这是飞将军吕布的长项；可在战略上，他不能运筹帷幄，在政治上他也不善于笼络人心，在外交上他就更缺乏纵横捭阖的手腕了。当曹操从徐州撤回兖州，听说吕布屯兵濮阳时，他笑着对部将说："吕布如今已占有一州，却不能占据东平、亢父、泰山等险要地带阻挡我的归路，反屯军濮阳，我知他没有什么作为了。"曹操遂进军围攻濮阳。话虽是这么说，可吕布毕竟是猛将。曹操军到濮阳后，濮阳大姓田氏说要开城迎曹操入城，曹操听说后十分高兴。可当曹操入城后，田氏又烧毁城门，阻断了曹操的归路。吕布趁机杀出，用骑兵冲击曹操的青州军，青州军抵挡不住，结果曹操的阵脚大乱，他的战马又在火中受惊，把他摔了下去，还烧伤了他的左手手掌。好在曹操身边的司马楼异十分忠诚，他及时扶曹操上了马，曹操才能继续作战。曹操上马后，吕布在后边紧追不放，但吕布的兵将都不认识曹操，其中一人赶上曹操后大喝道："曹操在哪里?"曹操一听，急中生智回答说："前边骑黄马的就是。"吕布兵将于是放走了真曹操，去追骑黄马的假曹操了。曹操这时也急了，尽管当时濮阳城门大火熊熊，他也顾不上了，狠命地驱使战马，冲火而出，才总算捡回了性命。

曹操从濮阳突围后，继续指挥部将与吕布作战，双方僵持百

余日。到了秋天，突然蝗灾大起，兖州闹起了饥荒。没有粮食就没法打仗，曹操与吕布都只好暂时停战。这一年冬天，兖州谷价高得惊人，一斛米要五十余万钱，贫苦百姓无米可食，出现了人吃人的惨局。这一年，陶谦病死，刘备代领了徐州牧。

第二年夏天，曹操整军与吕布再战。吕布部将薛兰、李封屯兵巨野，被曹操击败。吕布会合东缗与陈宫率军上万人来攻曹操。此时曹操兵少，用疑兵诱引吕布，吕布中计，遂被曹操击败，逃往徐州投靠了刘备。自此，曹操自陈留起兵，到兴平二年击败吕布等人，经过六年的经营，终于完全掌控了兖州，有了自己的一块根据地。

曹操得兖州不久，长安名存实亡的东汉朝廷内又有了变化。公元195年，长安的原董卓部将李傕和郭汜发生火并，献帝在外戚董承和一批大臣的护卫下，借机逃出长安，回到了洛阳。而洛阳经董卓之乱后，早已化为一片废墟。汉献帝到了洛阳后，由于城中没有宫殿，只好暂时住在了在“十常侍之乱”中被杀的中常侍赵忠的残破宅子里，其他文武官员则在断墙残壁旁边搭起了草棚，以遮蔽风雨。住房问题倒还可以暂时将就，但对当时洛阳的流亡朝廷而言，最大的困难是粮食没有来源，尚书郎以下的官员，都只能自己去挖野菜。即使是这样，仍旧是没有办法满足需求，有的官员甚至被活活饿死。

汉献帝无奈，只好向四方豪强求援。曹操得到消息后就召集他的谋士们商量。谋士荀彧说：“春秋时，晋文公发兵将周襄王送回洛邑，以此成为霸主；汉高祖为义帝发丧，则被天下人所拥戴。这样的例子历史上有很多。现在天子在洛阳，困苦不堪。将军如能将天子迎来，正是顺从人愿之举。而如果不能及时去接天子，一旦让其他豪强抢先，我们就错过机会了。”

曹操听后，立刻派曹洪带领一队人马赶赴洛阳。董承等大臣知曹操用意，发兵阻拦曹洪。曹操得知后，只好亲自前往洛阳，董昭等人则趁机劝汉献帝迁都许昌。这年八月，汉献帝假曹操节钺，录尚书事。九月，汉献帝随曹操西迁许昌，又以曹操为大将军，封武平侯。从这以后，曹操出兵征伐，都可打起天子的旗号，师出有名了。

二、中原争霸与官渡之战

曹操有了自己的根据地，又挟天子于许昌，此时他无论是为了扩张势力，还是为了解除后患之忧，东征徐州进攻吕布都成为势在必行之举。公元 198 年九月，吕布应袁术的请求，派高顺攻击暂居在沛县的刘备，曹操则遣大将夏侯惇出兵营救刘备，结果反被高顺击败。曹操于是亲自率兵征讨徐州，围攻下邳，对吕布发起了进攻。

曹操率军到达下邳城下后，他先派人去劝降吕布。吕布见到曹操的使臣后本欲投降，但陈宫等人劝吕布说："曹公远来，不能久战。将军如果以步骑出屯城外，我则率剩余部众闭守在城内，如果曹公攻将军，我就引兵出城攻曹公后方；如果曹公只攻城，那将军可在外救城。不过几个月，曹公军粮食毕尽，到时候，只要攻击他就可以取胜了。"吕布听后认为可行，就答应了陈宫的计策。可很快，吕布就改变了主意。吕布在出城前先回到府中和妻子告别，而吕布的妻子听说了陈宫的计策后就对吕布说："过去曹氏待陈宫如赤子，陈宫仍舍弃曹操归顺了我们。今天将军虽对陈宫厚待，但也超不过曹氏，却要将全城托付给他，舍弃我和孩子，孤军远出吗？将军出城以后，一旦有变，我还会

是将军的妻子吗？”吕布听了妻子的话，便放弃了陈宫的计策。他先是派人去向袁术求救，然后自己带着千余骑兵出城与曹操交战，战败后他迅速退回到城中，保城不出，而袁术的救兵则迟迟没有到。吕布就这样失去了取得胜利的机会。

尽管吕布已失去了夺取胜利的唯一机会，但下邳城厚，并不容易攻破，曹操便掘泗水灌城。大水环城，令城墙松动，一时间城中人心惶惶，将帅意志消沉。这时又发生了一件偶然事件，更加速了吕布的失败。一天，吕布的部将侯成让手下人牧一匹名马，不想那部下却骑马叛变了。侯成发现后立即策马急追，把那叛变的部下和马都追了回来。诸将听说后，都带礼物来向侯成祝贺，侯成于是设酒肉款待诸将，并先拿酒去见吕布说：“蒙将军威灵，我追回了宝马，诸将都来祝贺，我设酒肉，未敢先尝，特先来献给将军。”吕布先前曾颁布过禁酒令，严禁将士饮酒。此时侯成拿酒来见他，吕布就愤怒地说：“我禁酒，而你却私自酿酒，是为了要用酒来害我吗？”吕布的这番话说得实在不怎么样。命令

吕布画像

是死的，人是活的，因一禁酒令扫了诸将的兴，更怀疑自己的爱将有谋害自己的意思，这实在很伤人。

侯成听了吕布的话，一来伤心生气，二来又怕吕布真当自己要谋害他，把自己抓起来治罪，就来了个一不做，二不休，与自己的亲信部将一起，将吕布的左膀右臂陈宫和高顺抓了起来，押着他们出城投降了曹操。吕布听说后，就与麾下登上白门楼，见城下围兵甚急，知道自己大势已去，令左右取自己的头去见曹操，左右部将都不愿意，吕布只好下城投降。

吕布见到曹操后对他说："今天我来了，天下局势已定。"

曹操听后问吕布："这话怎么说？"

吕布回答说："明公所担心的不过就是我吕布而已，今天我归顺了，明公率领步兵，我率领骑兵，天下还有谁可以阻挡？"只凭吕布这一番话，就可以知道他的失败绝不是偶然。吕布固然有一身的武功，在骑兵战上也有着过人之处，可惜平定天下绝不是只靠强大的武力就可以办到的。所以曹操听了他的这些话后，知他只是一武夫，不对自己具有威胁，反想重用他了。

此时，吕布又向站在曹操身边的刘备说："玄德，你是座上客，我是俘虏，绳子绑得我紧，你就不能说一句话吗？"

曹操听后笑着说："绑老虎不能不急啊。"曹操说完就让人给吕布松绑，站在曹操身旁的刘备一见这种情景，连忙上前阻止说："不可以！明公你忘记了吕布事丁建阳与董太师了吗？"曹操一听，脸色立变，于是下令杀死了吕布、陈宫、高顺，收降吕布部将臧霸、孙观等人，初步控制了徐州。吕布灭亡以后，在北方的豪强之中，能与曹操争锋的就只有黄河以北、群雄中实力最强的袁绍了。

当曹操在中原地区站稳脚跟的时候，袁绍已经取了黄河以北

的广大地区。这时的袁绍野心勃勃，一心想要一统天下。曹操的实力尽管比袁绍要小得多，但他也是雄心勃勃，想要统一北方。两雄相遇，袁绍与曹操的利益互相冲突，双方之间的战争便无法避免了。汉献帝建安四年，即公元 199 年，袁绍调集了十万大军，一万匹战马，攻向曹操的大本营许都，想要一举将曹操消灭。消息传到许都，曹操的部将听说后都十分害怕。曹操面对强敌，冷静地分析了当时的形势："吾知绍之为人，志大而智小，色厉而胆薄，忌克而少威，兵多而分划不明，将骄而政令不一，土地虽广，粮食虽丰，适足以为吾奉也。"曹操的重要谋士郭嘉与荀彧也都支持曹操的观点，积极地为曹操出谋划策。

为了能全力对付袁绍，曹操决定在部署兵力防御袁绍的同时，先把周围的割据势力一一击破，以防这些割据势力同袁绍联合，令自己陷入两线作战的不利境地。公元 199 年二月，曹操派曹仁等将领攻下了黄河北岸的战略要地射犬，将袁军沿黄河西进的道路切断。同年八月，曹操又派在青州有潜在影响的臧霸等将领攻入青州，占领了齐与北海等地，巩固了右翼防线。与此同时，曹操又命大将于禁屯军黄河南岸，监视袁军的一举一动。十一月，割据在宛城的张绣听从其谋士贾诩的计策，投降了曹操。张绣的投降，使曹操解除了后顾之忧。十二月，曹操亲率大军屯于官渡，准备与袁绍决一雌雄。

就在袁绍与曹操的大战在官渡即将展开的前夕，原已投靠了曹操的刘备占据了下邳，背叛了曹操。刘备在徐州牧陶谦死后，就代替陶谦出任了徐州牧，后徐州被吕布占领，刘备只好投奔了曹操。曹操先后表刘备为豫州牧、左将军。曹操占领徐州后，为阻止淮南袁术逃到青州依靠袁绍，就派刘备到徐州截击袁术。公元 200 年，刘备联系董承等人密谋诛杀曹操，尚未行动，计划就

被曹操知道了。曹操迅速逮捕并杀害了董承等人。远在徐州的刘备得知消息后，遂袭杀徐州刺史车胄，夺取了徐州。

曹操听说刘备占领了徐州后，立刻派刘岱与王忠攻击刘备，结果都被刘备击败。此时袁绍与曹操的大军已于官渡对峙，但为避免在同袁绍作战时前后受敌，曹操还是决定先消灭在徐州立足未稳的刘备。曹操的将领们都担心袁绍乘机进攻许都，曹操却胸有成竹地说："刘备，人杰也，今不击，必有后患。袁绍虽有大志，而见事迟，必不动也。"事情的发展果然如曹操所料，曹操很快就击败了刘备，当他率得胜之师返回官渡时，袁绍的十万大军依旧毫无行动。

公元 200 年二月，袁绍派郭图、淳于琼、颜良率军围攻东郡太守刘延于白马，官渡之战的序幕正式拉开。同年四月，曹操亲率精兵北上解白马之围。谋士荀攸对曹操说："现在我们的兵少，硬拼必定不是袁绍的对手，可分兵攻击，先进军延津，做出要渡河的态势，吸引袁军，然后再率轻兵奇袭白马，攻袁绍一个措手不及，这样就可生擒颜良了。"曹操采用了荀攸的计策，以张辽、关羽为先锋攻击袁绍，杀袁绍大将颜良于乱军之中，白马之围遂解。曹操解白马之围后，率军沿黄河西撤。袁绍得到消息后，立即派兵渡过黄河追赶曹操。曹操见袁绍的追兵逐渐接近了，就命军士们都解鞍下马，将所携带的辎重都丢弃到道路上，然后埋伏了起来。袁绍的兵将赶到，见到道路上满是被曹军丢弃的辎重，就纷纷下马争抢辎重，阵形大乱。在这个时候，曹操率领早已埋伏在一旁的兵将突然杀出，袁军遭到突袭，立时溃败，在乱军中袁绍的另一员大将文丑也被曹操的军士斩杀了。颜良与文丑都是袁军名将，于两战中分别被曹操斩杀，令袁军上下无不惊恐，而曹操初战得胜，则主动撤军，继续扼守官渡，以寻找新

的战机。

经过白马之战，袁、曹两军进入了暂时的相持阶段。同年八月，袁绍率大军连营而进，东西延绵达数十里，进逼官渡。曹操则依靠坚固的营垒，分兵坚守，伺机而动。袁军先是做壁楼、起土山，将弓箭手派到高处。袁绍号令一下，弓箭手万箭齐发，弓箭如雨点般向曹营射去，曹营士兵守城，只能用盾牌遮住身体。针对袁军的这种战法，曹操令工匠连夜赶造了一批发石车，分布在营墙内，对着袁军的壁楼与土山一起拽动发石车，连珠般地发射石块，将它们纷纷地摧毁。曹操制造的这种发石车发射石块时声响如雷，所以人们叫它“霹雳车”。袁绍一计不成，又生一计。他命人暗凿地道，直通曹营，想用地道攻破曹操。曹操探知消息后，则叫士兵们在营墙内挖掘长沟，当袁军把地道挖到沟边时，地道口便暴露了，没有办法，袁绍只好放弃。就这样，袁绍与曹操一攻一防，双方在官渡相持了近三个月。

曹操兵少粮乏，战争如果旷日持久地僵持下去，对曹操将十分不利。在这种情况下，曹操本人的决心也开始动摇了。他本打算退守许都，幸好曹操的谋士荀彧对战争的情况作出了正确的分析。他对曹操说：“袁绍率大军屯聚于官渡，是要与曹公您一决胜败。今天曹公您以极为弱小的兵力抵挡强大的袁军，如果不能取胜，就必定会被袁绍制服，这是决定天下命运的关键时刻啊。况且袁绍不过是一‘布衣之雄’，他能聚人却不能用人。以曹公您的神武贤明，又为什么要畏惧他呢！”曹操听了荀彧的话，头脑冷静了下来，于是打消了撤回许都的愚蠢想法，一面命部队继续固守官渡，一面密切注视袁绍的动态，设法寻找有利于最后决战的时机。在这段时间里，还发生了两起特殊事件：其一是在江东的小霸王孙策看到曹操与袁绍相持不下，打算出兵从背后攻击

许都，可是还未等孙策发兵，他本人就被人刺杀了；另一件事是，在汝南的刘辟突然背叛曹操投靠了袁绍，率军攻向许都。袁绍收到刘辟的消息，令刘备率军协助刘辟，结果反被曹操的大将曹仁击破。刘备败逃，曹仁又乘胜击破了刘辟。

两军处于相持阶段，能否不断地补给军粮，将直接影响战争的胜败。同年十月，袁绍派人从河北运来数万车军粮，囤积在大营以北的乌巢，派大将淳于琼带领一万人驻守。沮授提醒袁绍，要他另派一员战将率领一部分部队驻防在淳于琼的外侧，防止曹军偷袭。但遗憾的是这一正确的建议没有被骄傲的袁绍采纳。当时，袁绍的另一位谋士许攸对袁绍说："曹操兵少，主力都已集中在官渡，后方空虚，如果派出一支轻骑，星夜偷袭许都，则必定成功。"袁绍又没有采纳这一正确的建议，他坚持要用优势兵力在官渡击败曹操。袁绍的这种高傲轻敌的态度令许攸十分担心。恰在此时，许攸住在邺城的家人犯了法，被留守在邺城的审配依法拘捕了。许攸听到消息后一气之下就投靠了曹操。曹操得许攸，尽知袁绍虚实。许攸向曹操建议偷袭袁绍囤积军粮的重地乌巢，他说："袁绍若失去乌巢，不出三天必败。"曹操采纳了许攸的计策，留下曹洪、荀攸防守官渡，自己率领轻骑五千人，打着袁军旗号，星夜兼程攻向乌巢。一路上，曹军几次遇到袁军盘问，都假称是袁绍派向乌巢的援军，蒙混过关，顺利地通过了袁军的防线。等曹军到了乌巢，天还没有亮，曹操命令士兵点燃干柴四处放火。粮食一遇见火星，霎时间火光冲天。袁军将士此时才从睡梦中惊醒，全都慌作一团，不知如何是好。守将淳于琼仓促应战，不知曹军多少，只得败退下来，守住营门。但此时的袁绍并不是没有机会挽回败局，然而在关键时刻他又一次作出了错误的决定。当袁绍得知曹操偷袭乌巢时，他作出了孤注一掷的

决定。他对长子袁谭说："即使曹操打败了淳于琼，只要我们能攻下他的大营，他也就没有归路了。"然后袁绍令大将张郃、高览率兵去攻打曹操的官渡大营。结果官渡曹军营垒坚固，袁军久攻未下，曹操却已先攻下了乌巢，斩杀了淳于琼。

乌巢败讯迅速传到袁绍大营中，袁军由此迅速溃散，大将张郃、高览等人都投降了曹操，骄傲的袁绍则弃军逃回了黄河以北。曹军乘胜追击，斩首七万余级，尽获袁军辎重，大获全胜。官渡一战后不久，袁绍于建安七年病死，他的两个儿子袁谭和袁尚不和，老子一死，儿子们就开始相互火并。袁家家门如此，复兴便无指望，黄河以北再无有能力抵抗曹操之人了。

三、孙坚、孙策父子的起兵

在曹操以武力逐渐统一长江以北时，江东地区的孙坚、孙策父子也开始崛起。孙坚，字文台，吴郡富春人，是一员智勇双全的虎将。孙坚十七岁时，曾随父亲乘船去钱塘，路上正遇见一群海贼掠夺商人的财物。驾船人畏惧海贼，不敢前进。孙坚小小年纪，却操刀上岸，佯作指挥大队士兵包剿的模样。海贼远远望见，以为是官兵来捕，不敢对抗，纷纷舍弃财物，往海岸奔逃。孙坚于是带着几名随从追上前去，将落在最后的海贼砍死，提贼首而归。就这样，孙坚出了名，很多人都佩服他的机智果敢。

汉灵帝熹平元年，即公元 172 年，会稽郡发生了道教徒许生的起义，许生自称阳明皇帝，邻近各县农民多有响应，人数超过万人。当时的孙坚正任吴郡司马，他招募精勇壮丁千余人，与州郡官兵联合，一起镇压了许生的起义。此后，孙坚相继为盐渎、盱眙、下邳三县县丞，由于他出身地方豪强，所以官职都不是很高。汉灵帝中平元年，我国历史上第一次有组织的大规模农民起义——黄巾起义爆发了。汉灵帝派遣皇甫嵩、卢植、朱儁等将领率军镇压。朱儁以孙坚为佐军司马。孙坚招募乡里少年与商旅及淮、泗精兵千余人，跟随朱儁一同征战，积功升至别部司马。不

久，在凉州的边章、韩遂趁黄巾之乱起兵，汉朝廷派中郎将董卓征讨，结果无功而返。汉中平三年，何进又派司空张温前往凉州进行镇压。张温以孙坚为参军出兵凉州，边章与韩遂知道后，不战而退。张温见边章与韩遂已退兵，便班师回朝，升孙坚为议郎。此时，长沙郡又发生了以区星为首的起义，汉朝廷就以孙坚为长沙太守，到长沙去镇压区星和其他农民起义军。孙坚平长沙后，被封为乌程侯。

关东诸将联合讨伐董卓时，孙坚依附于袁术，表现异常积极。献帝初平二年，袁术命孙坚出击荆州刘表，孙坚连战连捷，长驱直入，渡过汉水，包围刘表于襄阳。在孙坚就要取得胜利的时候，因为他防身不周，在一次追击战中单骑轻出，遭黄祖部下军士暗箭，结果英年殒命，时年三十七岁。

毫无疑问，孙坚是一个骁勇善战的人，在《三国志》中说："坚历佐三县，所在有称。吏民亲附。乡里知旧，好事少年，往来者常数百人，坚接抚待养，有若子弟。"由此可见，孙坚的骁勇善战与他善于抚恤士卒、驾驭将士是分不开的。可他终究是出身于地方豪族，论社会地位和声望，远远比不上世家豪族，所以

空城计

在战乱初期，他仍要投靠大世族袁术。尽管他在讨伐董卓的战争中表现颇为积极，可这并不表明他是真正忠于汉室的。孙坚在荆州，因刺史王叡“轻己”，就杀害了王叡；在南阳，因太守张咨不肯供给他军粮，又诱杀了张咨。这些做法都是因私嫌而擅杀朝廷命官，是越轨非法的举动。所以袁术对孙坚心存疑忌，始终不敢放手使用他也不是没有道理的。

尽管孙坚早逝，可他的威望却帮助了他的儿子孙策，为孙策于江东崛起创造了前提条件。孙策，字伯符，是孙坚的长子。孙坚一生戎马，因经常征战在外，就把家属都留在了寿春。孙坚死时，孙策才十七岁，但他已经结交了很多知名士人，在江淮间享有一定声誉了。孙坚遇害后，孙策到寿春去见袁术。袁术很看重孙策，但仍不肯将孙坚所统率过的士兵还给孙策。此时袁术正用孙策的舅舅吴景为丹杨太守，就令孙策去丹杨募兵。孙策刚招募了数百人，就遭到泾县大帅祖郎的袭击，几乎丧命。孙策没办法，只好又回到寿春见袁术，袁术这才还给他千余士兵，并表孙策为怀义校尉。孙策的性格和他的父亲孙坚很像，所以袁术对他也很不放心。起初，袁术许孙策为九江太守，但却用了别人。后来袁术又遣孙策去攻庐江太守陆康，答应孙策击败陆康后让他做庐江太守。可是孙策攻克庐江后，袁术又说话不算数，用他的故吏刘勋当了太守。孙策为了拥有一块自己的根据地，公元195年，他请求袁术派自己去协助吴景攻击刘繇，得到了袁术的同意。当时的扬州除了包括长江以北的九江和庐江两郡外，还包括江南的丹杨、吴、会稽、豫章四郡。汉朝本任命刘繇为扬州刺史，本城设在寿春。寿春被袁术占据后，刘繇逃到江南，把丹杨郡郡城曲阿改为州城，派遣樊能、于麋屯横江津，张英屯当利口，以抵御吴景等人的进攻。当时的孙策只有兵千余人，战马数

十匹。到了历阳后，孙策随即招募人马，兵众骤增至五六千人，然后他又渡江攻击了刘繇的牛渚营，获得了必需的粮谷和战具。随后孙策继续进攻，先后击败了屯聚在秣陵城的薛礼和笮融，进而攻向曲阿。刘繇听到消息后弃军遁逃，孙策遂占曲阿。占领曲阿后，孙策告谕诸县说：“凡是刘繇、笮融等人的部下，来投降的，一概不追问过去的是非，愿意加入我军的，对其出身一概不再追究，不愿意的，也绝对不强求。”就这样，只十天的时间，孙策的部队就壮大到了二万余人，战马增加到千余匹。孙策治军严整，兵士遵守约束，对百姓的鸡犬菜蔬，一无所犯。如此一来，孙策的将士无不用命，攻城陷阵，战无不克，令孙策声威大震。

剑门关

刘繇与笮融被孙策击败后，都逃到了豫章郡。不久，笮融用诡计害死了豫章太守朱皓。刘繇得知消息后从彭泽出兵讨伐笮融，笮融被击败后逃进了山里，被当地山民杀死。经过了这样一连串变故后，汉朝朝廷便任命名士华歆为豫章太守。公元196年，袁术称帝。孙策部将朱治趁机驱走了吴郡太守许贡。许贡被驱逐后，投奔了豪帅严白虎。严白虎虽有兵众万余人，但处处屯聚，形如散沙。孙策的手下诸将都主张先击破严白虎，而孙策根本就没有把严白虎放在眼中，他对诸将说：“严白虎等人不过是群盗贼，并没有什么大志，现在已经是我囊中之物了。”于是孙策暂时没有理会严白虎，

而引兵东渡钱塘江，去攻击会稽太守王朗了。王朗的功曹虞翻听到消息后劝王朗说：“孙策善用兵，我们不如先回避他一下。”但王朗并没有采纳虞翻的建议，两战皆败，最后只好向孙策投降。孙策遂占领了会稽，自命为会稽太守。公元198年，刚刚在中原地区站稳脚跟的曹操为了拉拢孙策，表孙策为讨逆将军，封吴侯，还将自己的侄女许配给了孙策的弟弟孙匡，为三子曹彰迎娶了孙策族兄孙贲的女儿。

刘繇在豫章自称丹杨太守，命部将太史慈遁于芜湖山中，进住泾县，不久病故。孙策平定丹杨东部以后，先向西剿灭了宗贼祖郎，不久又擒下了太史慈。孙策令太史慈为门下督，尽收刘繇部属万余人，江东由此略定。袁术死后，孙策于公元199年冬，攻袁术旧部庐江太守刘勋，袭得皖城，获袁术、刘勋妻子及部属三万余人，战船千余艘。随后进攻刘表的江夏太守黄祖，为父报仇。黄祖被孙策击败逃走，其妻子及船舰六千艘全部被孙策俘获，跟随孙策直攻豫章。豫章太守华歆不战而降。由于华歆德高望重，孙策不以战胜者自居，亲自去拜望华歆，将他礼为上宾。

公元200年，广陵太守陈登招诱严白虎余党，想要在吴郡谋叛。不久，孙策击败黄祖，准备回师攻击陈登。同年四月，孙策的军队到达丹徒，为等待运粮，暂时停驻在了这里。孙策一向喜欢打猎，在丹徒无事，就时常出营狩猎，而他的战马神骏，常常会把随从撇开很远的距离。有一天，孙策狩猎时，正遇见前吴郡太守许贡养的三名门客，他们用弓箭射中了孙策的脸颊，随后被赶来的孙策随骑刺杀。但孙策终因伤势过重，没过数日便死去了，年仅二十六岁。

四、孙权守江东

建安五年，即公元200年，孙策遇刺身亡。在孙策临死时，他令长弟孙权做自己的继承人。他嘱托张昭等人说："中原地区动乱，我们以吴、越之众，三江之固，足以静观成败，公等要好好辅佐我的弟弟。"然后他又对孙权说："率领江东之众，于两阵之间一决胜负，与天下英雄争衡，你不如我；但要贤用任能，让上下将官都各尽其心，以保江东平安，我不如你。"说完，孙策就死去了。

孙策死时江东的情况十分不稳定。当时的孙氏虽已有会稽、吴、丹杨、豫章、庐陵五郡，以及江北庐江郡的部分地区，但山区的居民还多受地方强宗豪帅的控制，不接受孙氏政权的征调，而土著豪杰和因逃避兵祸渡江南下的士大夫们也正处于观望之中，以自己的安危利害决定去留，他们和孙氏政权还没有建立起牢固的君臣关系，态度时常摇摆不定。孙策刚死，庐江太守李术就起了反叛之心，不再听从孙氏的调用，而已经同周瑜过江准备投靠孙氏的鲁肃，此时也有了北还的意图，甚至连孙权的堂兄孙辅也担心孙权不能保住江东，背地里与曹操进行书信往来。孙权的另一个堂兄孙暠更是野心勃勃，竟想趁机夺

取会稽，篡夺政权。好在会稽郡吏民保城固守，孙暠的野心才没有得逞。在江东政权如此不安定的情况之下，怎样安定人心巩固新兴政权就成为十九岁的孙权的首要任务。孙权虽不如孙策骁勇善战，可此时也已有了一定的军事和政治经验。早在建安元年，孙策刚平定江东各郡时，十五岁的孙权就已经被任命为羡阳县县长，后为奉义校尉，跟随孙策左右征战南北。因此张昭和周瑜等人都认为孙权是“可与共成大业”，诚心侍奉的江东新主。

周瑜像

面对内忧外患，孙权统事以后，采取了招延人才，团结部属，镇抚山越，讨不从命，三征江夏等一系列政治军事措施，以维护孙氏在江东地区的统治。首先，重用孙策时的文武能臣张昭、张纮、周瑜、吕范、董袭、程普、朱治、太史慈等文臣武将，同时招延了渡江南下的士人如鲁肃、诸葛瑾、步骘、严畯等名士，并委以重任；对待从荆州投奔而来的甘宁等武将，也是待之如同旧臣。经过了六七年时间的调整，孙权终于做到了“国险而民附”，贤能尽为其所用，使孙氏在江东的统治逐渐稳定下来。

为了稳固江东政权，孙权还必须解决来自后方山越民族的威胁。长江以南的广大地区是山越民族的聚集地。山越民族骁勇善战，尽管早在秦始皇时期就与中原汉民族多有联系，但在与汉民接触的过程中，战乱也时有发生。从建安五年开始，周瑜一直坐镇吴郡，辅佐少主，为孙权出谋划策，平乱讨叛。在这段时间里，周瑜曾多次带兵镇压山越民族的反抗。在孙权统事之初，周瑜就开始“分部诸将，镇抚山越”。建安八年，孙权命吕范平鄱阳，程普讨乐安，太史慈领海昏，韩当、周泰、吕蒙等将领出任剧县令长，对山越予以分别镇压。公元 206 年，周瑜亲自督讨麻、保二屯的少数民族。这次战争十分残酷，周瑜将俘获的部落首领一律枭首示众，同时还把一万多人强徙到了江东政权的腹心地区。尽管武力镇压不能从根本上解决山越民族与汉民族之间的矛盾，但确实稳固了孙氏在江东地区的统治地位。

除了对山越地区的用兵外，孙权还镇压了其他地方豪强的反抗。庐江太守李术不服从调度，于是孙权进军攻击李术的皖城，俘获李术，将其枭首，迁徙李术部属三万余人。公元 204 年，孙权弟丹杨太守孙翊被郡都督妫览、郡丞戴员合谋杀死。妫览杀害孙翊后想要逼娶孙翊妻徐氏。徐氏以守丧为由进行拖延，然后与孙翊的亲信旧将孙高、傅婴共同设计诛杀了妫览、戴员。孙权听说后，从椒丘赶到丹杨，诛除了妫览、戴员两人的余党。

孙权在军事上继承了孙策的政策，不断西进扩张，其军事上的主帅常由周瑜担任。周瑜在留吴期间，曾多次奉孙权之命进攻刘表，一方面是因为刘表占据的荆州与扬州毗邻，属于江东政权向西开拓的对象；另一方面孙权的父亲孙坚是被刘表的部将黄祖

射死的，所以孙权与刘表势不两立。建安十三年，即公元 208 年，周瑜向孙权举荐了刘表的降将甘宁。甘宁很快就得到了孙权的重用。孙权接受甘宁的建议，亲自统兵进攻屯军夏口的黄祖，周瑜任前部大都督。双方在夏口进行了一场激烈的水战，最后孙权的军队攻陷了夏口，将黄祖杀死，屠其城，俘获男女数万口，为日后进一步夺取荆州扫清了道路。

五、从丧家之犬到巴蜀之主的刘备

刘备，字玄德，涿郡（今河北）涿县人，生于汉桓帝延熹四年，即公元 161 年，是汉景帝之子中山靖王刘胜的后裔。刘胜之子刘贞于元狩六年被封为涿县陆城亭侯，此后其后世子孙都出于涿县。刘备的祖父刘雄曾做过东郡范令，但刘备的父亲刘弘去世很早，刘备出生时家业已经败落，因此少年时期的刘备生活贫苦，只能与母亲一起靠贩鞋织席维持生计。

传说，在刘备的家乡，他住宅的东南角有一株大桑树，五丈多高，在远处遥望就如同车盖一样。涿县人李定云看到这株树后十分惊奇，认为这里一定会出现非凡之人。刘备年少时，常常与宗族中同龄小孩在大桑树下嬉戏。有一次，他坐在这株桑树下说："我将来一定会乘着这样的大车。"小刘备的话一出口，就被他的叔父刘子敬听到了，刘子敬忙拉住刘备说："你不要胡说，会被灭族的。"刘备十五岁时，母亲要他外出求学。刘备与同宗刘德然、辽西公孙瓒一同在九江太守、同郡人卢植门下学习儒学。刘德然的父亲刘元起为刘备提供日常的学费与生活费用，钱数与自己的亲生儿子德然一样多。刘元起的妻子见到后就对丈夫说："咱们虽然与他是同宗，但各自一家，怎么能长期供给他

学费呢?”刘元起听后对妻子说：“我这一宗中有刘备这样的孩子可说是件奇事，他将来绝对不会是寻常之人。”与刘备一同学习的公孙瓒要比刘备年长，但他却与刘备十分要好。刘备像对待兄长一样与公孙瓒相交，两人就这样成为朋友。不过年少时的刘备并不喜欢读书，而是喜欢狗马、音乐、美服，为人少言语，且能屈尊人下，喜怒不形于色，好结交豪侠，所以少年们都喜欢与他在一起，听他指挥。

黄巾起义爆发后，刘备在大商人张世平与苏双的资助下组织起了自己的军队，他率领从校尉邹靖，跟随平原刘子平参加了镇压黄巾之乱的战争。黄巾之乱被平后，刘备因功被授予安喜尉。之后不久，有一天督邮到县里办公，刘备登门求见，不料督邮避而不见。刘备在门外久候不得回音，一怒之下冲进馆驿，把督邮绑起来打了二百多棒，然后弃官亡命。过了一段时间，大将军何进遣都尉毋丘毅到丹杨募兵，刘备被招募，由此再次踏入仕途。在这以后的几年里，刘备先是因战功被提拔为下密丞，很快他又弃官，后为高唐尉，随后又提升为高唐令。灵帝死后，董卓

刘备像

作乱，刘备回到沛国，招募士兵，参加了讨伐董卓的东方盟军，结果被董卓击败，逃到辽东投奔了中郎将公孙瓒。公孙瓒与刘备有兄弟情谊，便表刘备为别部司马，令他与青州刺史田楷一同抗拒冀州牧袁绍。刘备有关羽、张飞辅佐，在战场上屡立功勋，公孙瓒便让他守平原，为平原相。当时汉室衰微，群雄逐鹿，豪强地主与流寇一样囤粮聚财，百姓生活困苦，无粮缺衣。刘备在平原一边用尽办法抵御贼寇，一边发展农业，救济百姓，有投奔到他这里的士人，便与他们同席而坐，同簋而食，因此深得人心。平原豪强刘平一向轻视“卖草鞋”出身的刘备，以身居刘备之下为耻，暗中买通刺客刺杀刘备。不想那刺客了解刘备的为人，不但没有刺杀刘备，反将刘平的阴谋告诉了刘备。刘备得人心能如此，可说是古今罕见。

汉兴平元年，即公元 194 年，徐州牧陶谦受到曹操攻击，刘备应陶谦之邀前往徐州救助，被陶谦表为豫州刺史。不久陶谦病死，刘备受到徐州官吏的拥护，一跃成为徐州牧。曹操为笼络刘备也表刘备为镇东将军、宜城亭侯。可没过两年，在公元 196 年，刘备被吕布偷袭，丢了徐州，狼狈地投到了曹操麾下。曹操授刘备为豫州牧，进左将军。但曹操深知刘备为当世豪杰，因此刘备虽得礼遇，却没有实际的权力，甚至还时时有生命危险。公元 199 年，刘备在曹操派他到徐州阻击袁术的时候，背叛了曹操。当时官渡之战迫在眉睫，但曹操仍立刻出兵讨伐了刘备。刘备败，遂到北方投靠了袁绍。袁绍被曹操击败后，曹操亲自率军进击刘备，刘备在北方再难有立足之地，只好又跑到荆州投奔了汉室同宗刘表。刘表令刘备屯驻在新野，看守荆州的北大门，以防御曹操，从此刘备在荆州一住就是十年。

荆州靠近中原，在刘表的治理下地方情况比较安定，北方士

大夫到这里避难的很多。

刘备来到荆州后，广收荆州豪杰，他深切认识到自己之所以屡遭挫败，主要是由于没有优秀的参谋。当时襄阳的名士司马徽，擅长识别人才，人称“水镜”。刘备找他咨询天下大计。司马徽在刘备面前夸奖“卧龙”和“凤雏”，也就是诸葛亮和庞统。另外，当时在刘备麾下的徐庶也向刘备称述诸葛亮。于是就有了后人皆知的刘备“三顾茅庐”的典故。这在很多史书上都有记载。刘备初见诸葛亮时问到：“汉室倾颓，奸臣窃命，主上蒙尘。孤不度德量力，欲信大义于天下，而智术浅短，遂用猖獗，至于今日，然志犹未已，君谓计将安出？”诸葛亮听后，对刘备说：“自董卓以来，豪杰并起，跨州连郡者不可胜数。曹操比于袁绍，则名微而众寡，然操遂能克绍，以弱为强者，非唯天时，抑亦人谋也。今操已拥百万之众，挟天子以令诸侯，此诚不可与争锋。孙权据有江东，已历三世，国险而民附，贤能为之用，此可以为援而不可图也。荆州北据汉、沔，利尽南海，东连吴会，西通巴、蜀，此用武之国，而其主不能守，此殆天所以资将军，将军岂有意乎？

荆州古城

益州险塞，沃野千里，天府之土，高祖因之以成帝业。刘璋暗弱，张鲁在北，民殷国富而不知存恤，智能之士思得明君。将军既帝室之胄，信义著于四海，总揽英雄，思贤如渴，若跨有荆、益，保其岩阻，西和诸戎，南抚夷越，外结好孙权，内修政理；天下有变，则命一上将将荆州之军以向宛、洛，将军身率益州之众出于秦川，百姓孰敢不箪食壶浆以迎将军者乎？诚如是，则霸业可成，汉室可兴矣。”诸葛亮的一番话，可以说为在乱世中迷茫彷徨的刘备指明了前进的方向。历史证明，此后中国的政治社会也确实是按照诸葛亮“三分天下”的战略构想发展的。自此，刘备得到了诸葛亮，得到了在乱世中能为他未雨绸缪的天下智者，最终也是在以诸葛亮为首的文臣武将们的辅佐下，刘备入主巴蜀，在那里建立起了蜀汉政权。

点 评

自古以来，是历史成就了英雄，还是英雄造就了历史？正所谓乱世出英雄。是由各种各样的英雄谱写着历史，还是混沌的乱世注定了英雄的出现？将过去所发生的事件记录下来传于后世，那就叫历史。历史会因为某一项事物而静止，也会因某一人的意志而前进。我国拥有五千多年的文明历史，每一朝每一代都有其兴盛和衰败，有其始，亦有其终。每个朝代都会涌现出浩如繁星的杰出人物，通过他们不同的人生轨迹，演绎出雄浑壮丽的历史。但无论如何，这一切的一切，都终究有一天会变成末点，成为今天的昨天。东汉王朝末年的历史，正是由刘备、曹操、孙权、诸葛亮、鲁肃、周瑜等当时的人杰与袁绍、袁术、刘表等枭雄所演绎的。近百年的动乱中，分分合合，就是一部部可歌可泣

的英雄史，正是有了他们，历史才变得风云莫测，才变得五彩斑斓。今人回眸历史，则又应验了那样一句古话："古今多少事，都付笑谈中。"

相关链接

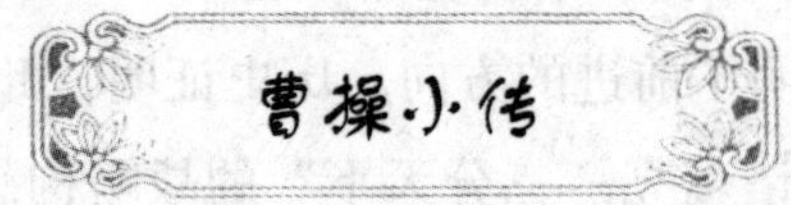

曹操小传

曹操（155～220年），东汉末年的政治家、军事家、文学家和诗人。字孟德，小名阿瞒，沛国谯县（今安徽亳州）人。他出生于一个大官僚地主家庭，长子。因其父曹嵩乃是中常侍曹腾之养子，故改姓曹。亦因这种关系，曹操自幼便有机会接触官宦子弟。日后的劲敌袁绍亦是曹操年少时朋友。曹操身长七尺，细眼长须。自幼放荡不羁，但很有才华，又足智多谋，善于随机应变。当年，汝南有个善于评论人物的名士，叫许劭，评论曹操为："治世之能臣，乱世之奸雄"。

汉灵帝死后，当时的大将军以外戚身份把持朝政，但是当时的宦官控制了皇帝，与其抗衡，所以大将军准备诛杀宦官，可是遭到伏击。而此时有"西凉之狼"称号的董卓带领大军接管京城。卓入城不久便改立少帝之弟刘协为帝，也就是汉献帝。董卓清除异己势力，所以很多大臣纷纷逃出洛阳。曹操则逃至陈留，集结义兵，声讨董卓。

初平元年，各路大将推举家世显赫的袁绍为盟主，西讨董卓。但由于各个将领都有自己的打算，没有形成合力，遂使义军失败。曹操在这场战役中，初次见到日后的死敌——刘备。

初平三年，董卓被王允、吕布所杀。之后二人又被董卓的部下李傕、郭汜所杀。献帝见此乱世，与众多大臣逃出长安，但被李、郭二人所追捕。曹操此时接受荀彧、程昱的建议，迎接献帝，并将其安排在许昌。从此曹操便开始了“挟天子以令诸侯”的政治生涯。

有了汉献帝在手之后，曹操的实力大为扩充，并以汉献帝名义东征西讨，先后平定关东、关中一带。刘备曾经是曹操的一个部下。

袁绍当时盘踞幽、冀、并、青四州，军力雄厚，勇将如云。虽然曹操已成名义上的中原霸主，但就兵力而言始终与袁绍有一定距离。

建安五年，袁绍率领大军南下，与曹兵会战于官渡。曹操用降将许攸的计策亲率五千骑兵偷袭袁军粮仓。袁兵见军粮被烧而大乱，曹军乘势出击，袁绍败走。这就是历史上著名的官渡之战，这一战也奠定了曹操在北方的霸主地位。

此战胜利后，曹操用数年时间稳定北方，同时继续追击袁氏余党(绍兵败后不久病死)。建安十三年，曹操亲率大军南征刘表。同年，刘表死，次子刘琮继位。面对曹操大军的威胁，刘琮决定出降。曹操轻而易举地接管军事重地荆州。由于荆州得来容易，曹操决定乘势东伐孙权。

孙氏集团从孙策时期开始就已经盘踞江东，获得当地人们的拥戴，加上长江天险，孙氏政权已有一个稳定基础。孙权收到曹操东来的消息后，曾召开多次军事会议。会中主战和主降派展开了激烈的争辩，最后在周瑜和鲁肃的分析下，孙权决定出战。孙权手下强将如云，加上周瑜的指挥，使曹操败走于赤壁。

此后，曹操虽曾多次在东吴边境挑起战火，但双方均互有胜

败。同时刘备西定益州，自封汉中王。三国鼎立之势已成。

曹操一生戎马，但在其他方面也取得了不小的成就。在政治方面，他消灭了北方的众多割据势力，恢复了中国北方的统一，并实行一系列政策恢复经济生产和社会秩序。文化方面，在曹操父子的推动下形成了以曹氏父子(曹操、曹丕、曹植)为代表的建安文学，史称“建安风骨”，在文学史上留下了光辉的一笔。

建安二十一年，曹操进位为魏王。建安二十五年，曹操病逝，享年六十六岁。翌年，操子曹丕篡汉，建国号魏，追尊曹操为太祖武皇帝。

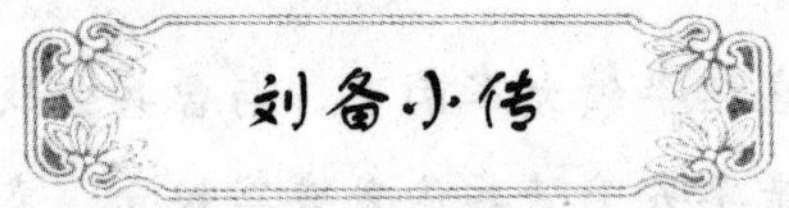

刘备小传

刘备，字玄德，涿郡(今河北省涿县)人，汉景帝之子中山靖王刘胜的后代，为三国蜀汉开国君王。在镇压黄巾起义时认识关羽、张飞二人，三人名为兄弟，实有父子之谊。由于刘备是汉室宗亲，所以虽然关羽长刘备两岁，但仍尊刘备为兄长。三顾茅庐始得诸葛亮辅佐。后与孙权联合大败曹操于赤壁，取得益州与汉中，自立为汉中王。

据说刘备身高七尺五寸，手垂下来到其膝盖处，眼能看到耳朵，因其长相还被刘璋的官吏张裕取笑。他不太爱说话，喜怒不形于色，也不喜欢读书，喜欢玩狗马、与豪杰交朋友，而且善待下人、百姓，有说曾因其仁德而感动了一位刺客，放弃杀死他。

公元220年，曹操病逝之后，其子曹丕继任魏王之位，其后废汉献帝，建立了魏国。次年，刘备以“汉室宗亲”的名义在成都称帝，立国号为“汉”，史称“蜀汉”，蜀国政权正式建立。

次年，为争夺荆州，刘备以为关羽报仇为借口，出兵三十万攻打东吴。却不料在起兵前夜，张飞被属下所杀，又损失一员猛将。刺杀张飞的人后来投奔东吴，这更坚定了刘备攻打东吴的决心。孙权以陆逊为大都督前去迎战，但陆逊坚守不战。刘备在长江岸边摆下八百里连营。时过一年，蜀军戒备松懈，陆逊趁机用火攻，连营被烧，刘备只能狼狈逃走。逃至白帝城，刘备以此为行宫，暂时住下。

次年，刘备病情恶化，从成都招来蜀相诸葛亮，并将其后事和孤儿刘禅托付给诸葛亮。刘备临死之前试探诸葛亮多次，见他无反意、只愿一心辅佐太子刘禅后，刘备方才放心离开人世，终年 63 岁。

第四章
扫平北方——谈曹魏政权的兴衰

赤壁之战示意图

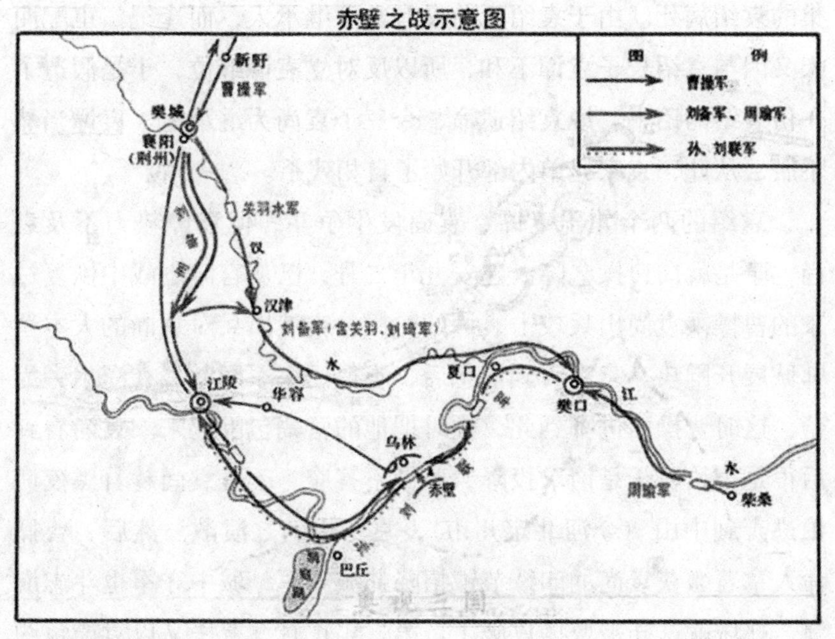

一、肃清袁氏残余

在官渡一战，曹操击溃了他在北方最大的敌人袁绍，长江以北由他来统一已是大势所趋。建安七年，逃回到黄河以北冀州老巢的袁绍病死。由于袁绍死前没有立下继承人，而逢纪、审配两人又因与袁绍长子袁谭不和，所以反对立袁谭继位，于是假造了一份袁绍的诏书，说袁绍遗命，令三子袁尚为继承人。袁谭当然不服，从此，袁家兄弟内部开始了自相残杀。

袁绍的两个儿子袁谭、袁尚发生争斗，但袁谭势力不及袁尚，于是就向曹操乞降。建安九年二月，已从官渡之战中恢复过来的曹操乘袁尚出兵攻击袁谭的时候，突然出兵对袁尚的大本营邺城展开围攻。袁尚听到消息后，不得已率军回救，在滏水旁为营，这时曹操已进军到此，顿时把他的营寨包围起来。袁尚看到后很是害怕，于是请求投降，曹操不答应。于是袁尚趁着黑夜慌忙逃奔到中山（今河北定州市），袁军也随之溃散。然后，曹操命人拿着缴获袁尚的印绶节钺招降邺城守军，城中守军也斗志崩溃，邺城就这样被曹操攻破了。第二年正月，曹操又以袁谭负约为借口，派兵攻灭袁谭，冀州就这样平定了。袁尚兵败后，逃奔幽州刺史袁熙。曹操又派兵攻打袁熙，袁熙抵抗不住，于是两人

就逃奔到了三郡乌桓。

建安十二年，曹操为了彻底肃清袁氏残余势力，也为了解决三郡乌桓入塞内为害的问题，决定亲自率军远征乌桓。在当时的汉末，辽西、辽东、右北平三郡乌桓结合，这便是三郡乌桓，首领是辽西部的蹋顿。三郡乌桓与袁氏关系一直都很好，并且屡次侵扰边境，掳掠人口和财物。同年五月，曹操率大军到达无终（今河北蓟县）。当时正好碰上雨季，道路上满是积水，据说是"浅不通车马，深不载舟船"。曹操听从当地无终人田畴的建议，改从一条很久没人走，但还是有痕迹显示可以通行的小路进军。在田畴的引导下，曹操大军先爬上徐无山（今河北玉田北），出卢龙要塞（今河北喜峰口附近一带），中间爬山越谷近五百多里，最后直指乌桓的老巢柳城（今辽宁朝阳南）。而当曹军行至离柳城不足二百里时，才被敌军发现，于是蹋顿与袁尚、袁熙等人率数万骑兵迎击。八月，二军相遇，当时曹军的辎重还在后面，穿装甲的人不是很多，而敌军的军势却很盛。这时曹操登高瞭望，看见敌军虽然很

曹操像

多，但阵势不整，一看就不曾受过正规的军事训练。于是命令大将张辽为前锋，乘敌阵稍动之机，向敌军发起猛攻。乌桓军顿时大乱，首领蹋顿也被曹军所斩杀，曹军大获全胜，仅胡、汉降者就有二十余万人，袁尚等人又逃奔到割据平州的公孙康。这时，有人就劝曹操乘形势大好进攻公孙康，但曹操却说："我根本不用出兵，就能让公孙康给我送袁尚等人的人头来。"于是率军班师还朝。果然不久之后，公孙康斩杀袁尚、袁熙，并将他们的首级献与曹操。众位将领都不明白这是为什么，曹操就说道："公孙康平时就很畏惧袁尚等人，如果我很快去进攻公孙康，他们就会齐心合力地来阻挡我。但如果我现在不去进攻，由于他们没有外患，内部的矛盾就会出现。公孙康疑惧袁尚等会夺他的位置，最终他们就会自相残杀，所以不用我们动手，袁尚、袁熙自会被人所杀。"就这样，曹操攻破了三郡乌桓，彻底肃清了袁氏的残余势力。

二、赤壁之战

曹操打败袁绍后，北方已再无对手，经过一系列的征战，逐渐统一了北方。而且在争夺中原的过程中，曹操为了增强自己的实力，同时也实行了一些改良政策，如兴办屯田，兴修水利，打击豪强势力，减轻百姓赋税，选用一些有才能的地方官吏，整顿和改编军队等。这样，受到严重战乱破坏的北方得到一定程度的恢复，而随着曹操的实力不断壮大，他的雄心也更大了。这时，曹操已经把目光投向南方，打算把盘踞在荆州（今湖南、湖北一带）的刘表和江东（今长江下游各省）的孙权两大势力消灭掉，以达到统一全国的目的。

建安十三年七月，即公元208年，曹操亲率大军攻打荆州。当走到半路时，却听闻刘表已经病死，由刘表的第二个儿子刘琮继承了荆州牧的职位。九月，曹军浩浩荡荡地到达新野（今河南省新野县），刘琮吓坏了，于是背着还寄住的刘备，暗地里派人向曹操表示投降。当时，刘备正驻守在樊城（今湖北省襄阳县北），对于刘琮投降的事一点也不知道，等得知情况时已经晚了，觉得自己无法抵挡曹军，不得已率部队匆忙向江陵（今湖北省江陵县）撤退，沿途又收容了不少刘表的部队和许多当地百姓，所以行程

很慢。诸葛亮看到这种情况，决定派遣大将关羽带领水军一万人，先由水路乘船退往江陵，等候在那里会师。

江陵是荆州的军事重镇，是兵力和物资的重要补给基地。曹操听说刘备逃向江陵，生怕江陵被刘备占去，于是亲自率领五千名精锐骑兵，不分昼夜，紧紧追赶，只用了一天一夜就跑了三百多里，最后在当阳（今湖北省当阳县东）东北的长坂赶上了刘备的队伍。由于曹军人多，战斗力也很强，因此势不可当。刘备不得不抛弃所有士兵、百姓和辎重，同诸葛亮、张飞、赵云等几十个人甩掉曹军，改道向东面的汉水方面撤退。而曹军则缴获了大批人马、物资，并且几乎没费多大力气就占领了江陵。刘备和部下退到汉津口，同关羽率领的水军会合，共同渡过汉水。刘表的大儿子、江夏太守刘琦也领兵前来接应。于是，一起合兵一处，一同到了夏口（今湖北省汉口市）；然后，又退到长江南岸的樊

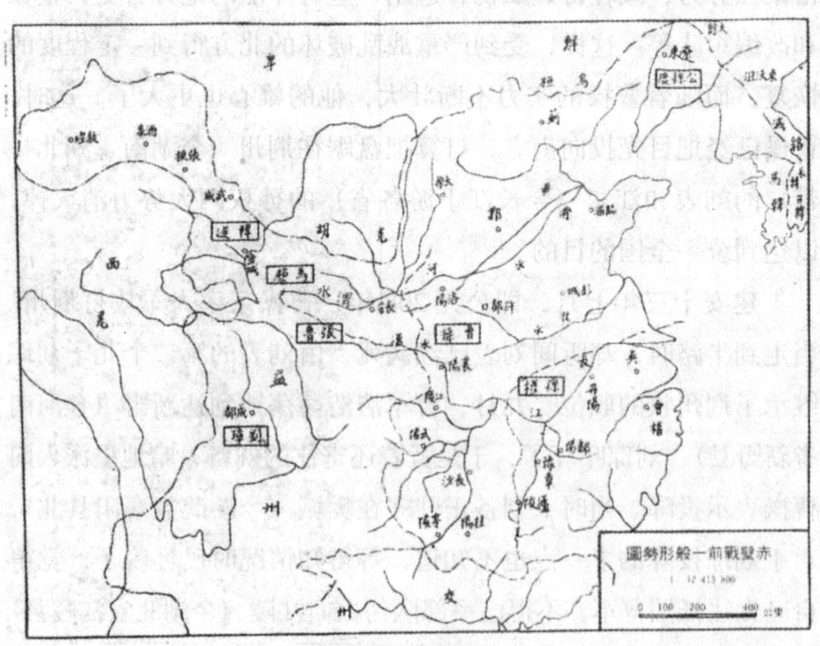

赤壁之战形势图

口（今湖北省鄂城县西北）驻扎下来。

曹操由于轻易地就取得了江陵，收降了刘表的部众，获得了大量军事物资，于是滋长了骄傲轻敌的思想。他认为，凭着自己当时的政治优势和军事力量，孙权是不可能与之抗衡的，于是决定乘胜鲸吞江东。

在曹操进兵荆州以前，孙权就打算夺取荆州来同曹操对抗。在刘表死后，孙权的重要谋士鲁肃建议孙权派他以吊丧为名到荆州去察看情况，并且乘机说服刘备，结成联盟，共同对抗曹操。哪知就在鲁肃刚到江陵地界时，刘琮已经投降，而刘备正准备从樊城向南撤退。鲁肃和刘备、诸葛亮在当阳的长坂坡会面。他们谈论了当前的形势，最后一致认为：孙、刘两家只有联合起来，合力抵抗曹操，才能避免被各个击破的结局。于是，刘备派诸葛亮和鲁肃一同前往柴桑（今江西省九江市西南）去面见孙权，共同商定联合抗曹的大计。

诸葛亮见到孙权后，详细地分析了双方力量的实际情况，并指出只要孙、刘两家联合作战，是可以打败曹操的。诸葛亮又进一步说道："刘豫州虽然在不久前的长坂之战中战败，但是当时被冲散的士兵已经陆续回来，再加上关羽统率的水军，合起来还有一万人的精兵。而刘琦统率的江夏军队也不下一万人。曹操的兵马是从北方远道而来，到达这里已经非常疲劳了，而且北方人都不习惯水上作战。而曹操刚刚收编的荆州部队，由于是新近归附的，人心还不稳，因此他们是不会真正替曹操卖命的。"最后，诸葛亮对孙权说："如果您能调派几员猛将，再率领几万名精兵，和刘豫州同心合力，联合作战，那就一定能够打败曹操！曹操失败以后，必然会退回北方。这样，荆州和江东的局势就可以稳定下来，三分天下的形势也就出现了。最后是成功，还是失

败，就看您今天是怎样决策了。”孙权听了诸葛亮的话，很是高兴，立刻召集部下商讨联刘抗曹的大计。

而此时的江东对曹操是战是降都议论纷纷，大部分臣下还是觉得自己实力弱小，不足以同曹操相抗衡。就在孙权举棋未定时，他在军事上极为倚重的将领周瑜向他进言，周瑜具体地分析了当时敌我双方形势和战胜曹操的可能性。周瑜指出，曹操这次用兵，有四大不利因素：第一，北方还没有完全统一，马超和韩遂还占据着凉州（今甘肃省一带），威胁着曹操的后方；第二，曹军多数是北方人，不善于水战，而且他们舍弃了北方军队善于骑兵作战的特长，而跑到水上来和我们争高低，几乎不可能取得胜利；第三，当前正好是冬季，天寒地冻，军马缺乏草料；第四，中原地区的士兵，来到江湖地带作战，由于他们不服水土，一定会生病。周瑜最后下结论说：“以上四点，都是用兵的大忌，但是曹操偏偏要冒这个风险。要想活捉曹操，现在正是大好的机会！”最后，周瑜说，只要拨给他几万精兵，进驻夏口，保证能够打败曹操。听了周瑜的分析，孙权最终下定了决心，实行联刘抗曹的大计。建安十三年，即公元208年的十月，周瑜和刘备的联军在赤壁（今湖北省武昌县西南，在长江南岸）同曹操的先头部队遭遇。由于曹军士兵不习惯南方的潮湿生活，很多人得了疾病，士气非常低落。因此两军刚一接触，曹操方面就吃了一个小小的败仗。曹操不得不退回长江北岸，屯兵乌林（今湖北省洪湖县境），与孙、刘联军隔江对峙。为了让北方士兵适应在船上作战，减轻船舰的颠簸，曹操下令，让工匠把几艘或十几艘战船编为一组，用铁链连接起来，再在上面铺上木板。这样，船身就稳定多了，不但人可以在上面往来行走，甚至还可以在上面骑马，士兵们也感觉就像在陆地上一样，这就是所谓的“连环战船”。而周瑜的部下黄盖

是一员老将，有着丰富的军事经验，他看出“连环战船”有很大的弱点，就向周瑜献计说：“‘连环战船’目标大，行动不便，我们可以用火攻来击破它。”但火攻需要借助风力，可是，当时已经进入冬季，经常刮的是西北风。当时曹军在西北面，孙、刘联军在东南面，如果在江面上放火，很容易烧着自己的船只，因此黄盖的火攻计划实行起来有很大难度。周瑜和诸葛亮却根据当地的天气变化，进行了仔细分析研究，认为在冬至前后可能有东南风。于是，孙、刘联军立即准备实行火攻用的战船，只等东南风一起，就立刻发动火攻。同时，为了骗取曹操的信任，使进行火攻的战船能够接近曹军水寨，黄盖特意写了一封密信，说自己要“弃暗投明”，准备投降曹操。曹操看了这封信，起初还有些怀疑，但是一想到自己在政治上、军事上是占有绝对优势的，孙氏政权内部发生分化，黄盖前来投降，也是完全有可能的。这种骄傲轻敌的思想，使他相信了黄盖的诈降计策。

赤壁之战

同年十一月的一个夜晚，天空突然刮起了东南风，而且风力很大。周瑜立即命令黄盖按计划出发。于是，黄盖带领着一支火攻船队，向曹操的水寨急速驶去。同时船上装满了浇了油脂的芦苇和干柴，但在外边围着布幔加以伪装，船头上插满了旗帜。另外，黄盖还预备了一些轻快的小船系在船尾，以便放火之后换乘撤退。驶在最前头的是十艘冲锋战船，当这十艘船行至江心时，黄盖下令各船张起帆来，这样船队前进得就更快了，已经依稀看见了曹军的水寨。这时候，黄盖命令士兵齐声喊道："黄盖来降！"曹营中的官兵，一听到是黄盖来降，都走出来伸着脖子观望。当黄盖的船队距离曹操水寨只有二里路时，黄盖下令放火，号令一下，所有的战船一起放起火来，就像一条条火龙，直向曹军水寨冲去。当时的东南风越刮越大，火借风势，越烧越猛，曹军水寨全部着火，"连环战船"一时又拆不开，因此火不但无法扑灭，反而越烧越旺，一直烧到江岸上。当时只见烈焰腾空，火光照天，江面上和江岸上的曹军营寨顿时陷入一片火海之中。曹军士兵被烧死、淹死的，不计其数。周瑜在南岸看到火起，知道黄盖已经成功，立刻指挥快

赤壁之战战前，周瑜探刘备

速战船，向曹军全力猛攻。这一仗，孙、刘联军把曹操的大部人马都歼灭了，曹军的战船也全被烧毁了。在混乱之中，曹操带领着残兵败将，向华容（今湖北省监利县西北）小道撤退。不料中途又遇上暴雨天气，道路泥泞，人马无法通过。曹操下令所有老弱残兵找来树枝杂草，铺在烂泥路上，这样骑兵才勉强走了过去。可是那些老弱残兵，被人马撞倒，受到践踏，又死伤了不少。刘备、周瑜的军队水陆并进，把曹操一直追赶到南郡（今湖北省江陵县境内）。经过这次大战，曹操元气大伤，兵力损失了一大半。他只好留下一部分军队防守江陵和襄阳，自己率领残部退回北方去了。

赤壁之战是奠定三国鼎立局面的决定性战役。曹操经过这次战败，势力被局限在北方，再也无力大举南下；战后，孙权在江东的统治地位得到了巩固；而刘备乘机占据荆州，后来又向西发展，占领了益州（今四川省）。就这样，北方曹操，南方孙权和刘备，形成了一时的南北对峙，三国局面初步形成。

三、曹丕篡汉建魏

赤壁之战以后，曹操和孙权、刘备逐渐形成了三分天下的局面，东汉政权已经是名存实亡了。曹操无力消灭南方的孙权、刘备，转而巩固内部政权，先后剿灭了几个盘踞着的割据势力，开始注重对北方的统治和稳固。东汉建安十八年(213 年)，曹操被封为魏公，加九锡，随后又被封为魏王，以丞相领冀州牧。东汉的一切政务，都出自曹操。魏王与皇帝其实只剩名义上的差别了。当然在这时候，不少文武官员都劝曹操废汉自立为帝，但曹操却出于政治上的考虑，没有这样做，而把改刘汉为曹魏的使命留给了自己的后代。因此在这种情况下，立谁为将来承续基业的王太子，就是一个十分重要的问题了。

曹操一生共有过二十五个儿子。长子曹昂在随曹操南征张绣时被射死。曹昂死后，曹丕在兄弟中就是长兄了。在曹丕诸兄弟中，除曹丕、曹彰、曹植、曹熊是被立为正室的卞夫人所生，其他的都是庶生。而庶生子一般是没有资格被立为太子的。因此，按照传统的嫡长子继承制度，曹丕在争太子位的过程中具有最为优越的条件。同时，曹丕能文能武，自身条件也不错，而且早在建安十六年(211 年)时，就被封为五官中郎将、副丞相，按理说

把曹丕立为太子也是件很自然的事。但事实却并非如此，曹丕面对的不仅是一个雄才大略的父亲，而且还有几位才识卓越且雄心勃勃的兄弟，太子的桂冠是不会轻易落到他头上的。

最早对曹丕构成威胁的，是他同父异母的小弟曹冲。曹冲聪慧过人，五六岁时，就已经有成年人的见识和智慧了。一次，孙权送给了曹操一头大象。曹操想知道大象的重量，于是询问群臣们怎样才能知道，大家都想不出办法。而这时年幼的曹冲说，可以把大象放到船上，然后在船上靠水面处刻上记号，把大象从船上牵走后，再将石块等物称过重量放到船上，直到使船上刻的记号下沉到与水面相平，那么船上所载石块的重量就是大象的重量了。这也就是人们所熟知的《曹冲称象》的故事。曹冲小小年纪就有如此才智，令曹操十分高兴。在当时战乱的年代，刑法严苛，不少人因为犯了小罪过而被处死。曹冲每见到犯罪受刑的人，就前往探询，了解其中是否有冤情。对于那些平时勤勉而因某一过失触犯刑律的官员，曹冲经常替他们向曹操求情，请求宽刑，而经曹冲辨明冤情而免遭杀戮的就有几十人。因此曹操经常对着群臣称赞曹冲，

曹丕像

说他既才识明达，又有仁爱之心，而且长得也一表人才，于是就有让曹冲继承事业的心思。可惜曹冲的寿命不长，十三岁时就因病死去。曹冲死后曹操十分悲痛，一次在曹丕劝曹操不要过分悲伤时，曹操说：“这是我的不幸，却是你们兄弟的大幸。”由此可见，曹冲若在世的话，曹丕能否继位是很成问题的。而曹丕在当了皇帝后还经常说：“假若仓舒(曹冲字)在世的话，我也不会拥有天下。”

在立太子的问题上，真正使曹丕担心的是二弟曹植。同曹丕一样，曹植也是能文能武、胸怀大志的人物，并且论才思敏捷，比曹丕是有过之而无不及。建安十五年(210年)，曹操在邺城(河北临漳县)筑铜雀台。曹操率诸子登台，让他们各自作赋。当时曹植年仅十九岁，挥笔立成，文辞通达耐读，曹操很是惊异。曹植平时生活俭朴，不喜欢华丽的饰物，每次曹操问他一些军国大事，曹植都能应声而答，因此特别受曹操的宠爱。而且当时杨修、丁仪、贾逵、王凌等人都向曹操进言，劝曹操立曹植为太子。曹丕见曹植及其党羽如此活动，丝毫不敢懈怠，也与一帮亲信官吏积极谋划。早在建安十六年(211年)，曹丕被封为五官中郎将时，就开始培植自己的势力。曹植虽然文才优于曹丕，但在政治斗争方面却不是曹丕的对手，论筹谋夺权、治理国家，曹丕更是胜过曹植，因此朝廷上许多官吏早已有心依附在曹丕门下。而且曹丕看重的是那些明于政略而在朝廷上掌握实权的官僚人士，这与支持曹植的多是些文人学士是不同的。因此在关键时刻，曹植的支持者一点作用都起不了。支持曹丕即位的官员，他们根据《春秋》立嫡长子为由，力主立曹丕为魏王太子。

面对曹植争立的威胁，曹丕向以谋略著称的太中大夫贾诩请教，如何才能巩固自己的地位。贾诩就告诫要他宽厚仁德，奉行

志士仁人简约勤勉的精神，每天要兢兢业业，不要违背做长子的规矩。曹丕听了他的话，时时注意修养，深自砥砺，使曹操对他的印象越来越好。而曹植却正相反，每天任性而行，经常饮酒贪欢，行为不检点，而且也不注意掩饰，多次犯了曹操的禁忌。有一次曹植乘车行驰过中门，由于私自打开中门是违反禁令的，曹操知道后非常生气，下令把赶车的官吏处死，同时下令严禁诸侯们违犯制度，还说道："一开始我认为子建(曹植字)是诸子中最可以成大事的，但从偷开中门私自跑出去后，就另眼看待此子了。"又有一次，曹操登上高台，正好看到曹植的妻子穿得很是华丽，曹操一向是崇尚简朴的，于是以违反服饰制度为理由把曹植的妻子赐死了。

古隆中草庐遗址

虽然曹植在曹操眼中越来越失宠，但曹操仍然认为曹植是诸子中最有才华的。作为善于选拔人才，并深知人才对于事业成败重要性的曹操，在立太子的问题上仍是犹豫未定。一天，曹操屏退左右后，就立太子的事单独征询贾诩。贾诩只是微笑，并不回答。曹操很是生气地说道："问你问题，你为什么不回答？"贾

诩却不慌不忙地说："我现在正思考着一件事，所以不能马上回答。"曹操就问："你在想什么问题?"贾诩回答说："我在想袁本初、刘景升父子的事呢。"曹操恍然大笑，于是立谁为太子的事在曹操心中最后定了下来。袁本初是袁绍，刘景升就是刘表，贾诩虽然没有明说，但实际上却是在提醒曹操：如果像袁绍、刘表那样废长立幼，恐怕日后诸子纷争，内乱不休。这正好触及了曹操的心事，如何使自己开创的基业能继续传承下去，并且长治久安，才是曹操最为关心的事情。而什么《春秋》大义，对于一向不遵常规的曹操来说，倒并不重要。

建安二十二年(217 年)，曹丕终于被立为魏王太子，时年三十一岁。曹丕得知自己被立为太子，欢喜异常，情不自禁地抱住身旁人的脖子说："你知道我有多么高兴吗!"的确，这是他将来登上帝王宝座的最为关键的一步。建安二十五年(220 年)，曹操的头疼病又犯了，不久便在洛阳病逝。曹丕继承了曹操的一切爵位和权力，成为东汉新的统治者。

曹丕继位成为魏王后，就准备除掉曹植这个心腹大患，于是以不参加曹操的葬礼为由问罪曹植。曹植被逼无奈，写下了历史上著名的《七步诗》："煮豆燃豆萁，豆在釜中泣。本是同根生，相煎何太急。"终于逃过一劫。接着曹丕又顺利夺下弟弟曹彰的兵权，真正坐稳了魏王之位。然后他就把目光投向了皇帝的宝座。公元 220 年，曹丕逼汉献帝禅位，自己代汉称帝，改国号魏，成为魏国的开国皇帝，曹丕也是三国中第一个称帝的君主，从此开始了真正的三国时代。

四、魏明帝统治时期的曹魏政权

曹丕登基称帝后，下令将都城由许昌迁至洛阳，同时坚持大权独揽，设立中书省，官员改由士人充任，原由尚书郎担任的诏令文书起草之责转由中书省官员担任，机要之权渐移于中书省。曹丕还下令妇人不得干政，不许群臣向太后奏事，外戚之家不得担当辅政之任。他又建立并推行九品中正制，力图把用人之权从士族地主手中收归中央朝廷。通过这一系列措施，曹丕进一步巩固了魏国的统治地位。在刘备伐吴时，曹丕看出刘备要失败，但却不听从谋士贾诩、刘晔之言，偏要坐山观虎斗，事后又起兵伐吴，结果被徐盛用火攻计策击败。在回洛阳后，曹丕大病不起，临终前把太子曹叡托付给曹真、司马懿等人，终年四十岁。曹叡登基为帝，是为魏明帝，他是曹魏的第二位皇帝，在位时间为公元 227 年～公元 239 年，共在位十三年逝世，于公元 239 年。

在魏明帝曹叡统治时期，魏国的国力有了一定的发展。他继承了其父祖权法并用的执政方针，即位后继续实行笼络世家大族的政策，以争取他们的支持和拥护。任命了不少世家的人为朝廷高官，从政治上保证他们的特权。但在另一方面，曹叡也更强化了中央集权。在曹叡即位前，由于不怎么结交朝臣，也不爱过问

朝政事务，只喜欢潜心读书，曹丕对此很不放心，因此在临终时便指定曹真、陈群、曹休、司马懿四人为辅政大臣，辅佐曹叡处理政事。但曹叡即位后，却让曹真出镇关中，曹休出镇淮南，司马懿出镇屯宛，使这几个辅臣退出中央政权，而一切政务由他自己说了算，从而摆脱了重臣对自己的干涉，加强了皇权。曹叡还对能加强中央集权的中书监、令等人宠信有加。因此曹魏的中央集权政治，在曹叡时期是最为显著的。

曹叡除了紧握军政大权之外，对具体的政务也是相当关心，对行政官员更是严加督促。他曾亲自到尚书台查看行案文书，检查政务。在对待一些官吏时，当知道其人不尽心尽力处理政务，就替他忧心其职位；当知道其人能力不足时，就亲自教诲他学习治理的能力。明帝一向认为官吏要做到无私是不可能的，但最起码应做到先公而后私。所以他对官员的徇私舞弊，一向是严加惩处。为了严防官府徇私受贿，曹叡不仅要求官吏忠诚笃实，勤于职守，还颁布并实行对官员的考勤法，以此作为对官吏优劣的考核标准。虽然此项措施最后因为曹叡的去世而没有施行，但也可看出曹叡对官吏督导之严格。曹叡虽然对臣下严厉，但也能接受一些臣下的意见，是比较有容人之量的。他曾准备大修宫室，但被臣下劝诫而作罢；也曾有一

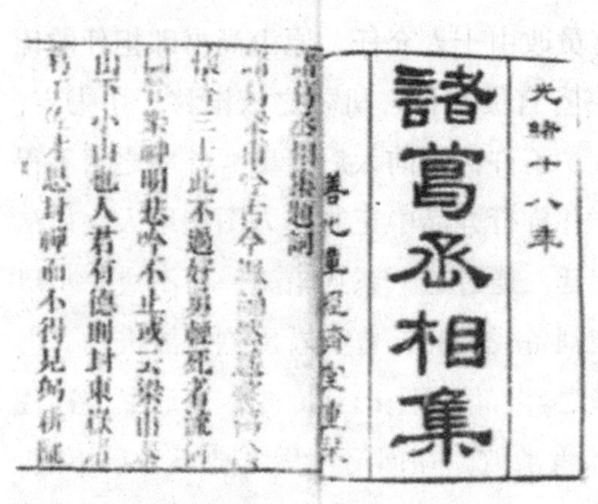

光緒十八年

諸葛丞相集

《诸葛丞相集》书影

次因衣着不符合礼节，被某位大臣明谏，而以后在这人面前再不敢穿不合礼的衣服。所以，在明帝统治时期，曹魏政治还是比较清明的。

在军事方面，曹叡也成功抵挡住了蜀汉诸葛亮的数次北伐。诸葛亮的北伐从公元 227 年开始，至 234 年止，历时七年。其间还有孙吴的数次配合进攻合肥新城。而曹叡除了派曹真、司马懿在西面抵抗诸葛亮，派满宠在南面抗击孙吴外，还在具体战略上有过亲自指挥。青龙二年（234 年），司马懿与诸葛亮对峙于渭滨，诸葛亮想激怒司马懿以求速战，曹叡却下诏给司马懿说道："一定要坚持防守以挫敌人的锋芒，使他们无法前进，退兵的话又因一仗未打而不甘心，时间长了他们的粮食就会耗尽，最后必会退走。他们一旦退走，你便可从后追杀，以逸待劳，这才是全胜之道啊。"曹叡甚至还亲临过前线督导军队。太和二年（228 年），诸葛亮突然率军北伐，当时由于魏一时没有作任何准备，全国陷入一片恐慌之中。整个关中更是如此，朝臣都无计可施。曹叡于是派遣曹真都督关右诸军，又派遣张颌领军五万西拒，自己则亲临长安以壮声势，于是就有了"街亭之失"；青龙二年（234 年），诸葛亮北伐屯兵于渭滨，孙权也侵入合肥的新城，曹叡于是乘舟东征，成功地指挥了对蜀、吴的战争，孙权不敌退走。

当时，辽东由公孙氏所占据，在曹操、曹丕时代，辽东虽表面上从属于汉、魏，但却政令上下自行，实际上形同割据。到曹叡统治时期，公孙渊更是向南与孙权通好，双方往来不断，后来甚至还自立为燕王，置百官与有司衙门，派遣使者持节授予鲜卑族单于印玺，让他统治北方边境的人民，并诱使他们侵扰北部边境。于是曹叡先后三次遣军讨伐辽东公孙的势

力。最后一次由司马懿率军进讨，最终大获全胜，斩杀了公孙渊父子，辽东一带的广大地区才从此真正纳入了曹魏的统治。

虽然在曹叡在位期间也有过大兴土木、留意玩饰之类的事情，但他也很重视文士，征召他们并安置在崇文馆，鼓励其从事学术研究，从而推动曹魏文化事业的发展。他自己也喜爱赋诗作文，擅长作乐府诗。公元 240 年正月，曹叡病重，于是开始匆忙布置后事，首先立爱妃郭夫人为皇后，并迅速下诏让司马懿回京。不久，司马懿赶回皇宫，曹叡握着他的手说："我快不行了，后事就托付与你了。"并指着站立在一旁的八岁的儿子曹芳说："这就是储君，你要看清了，千万不要误事!"司马懿一边叩头一边痛哭流涕，表达了自己的忠诚后，曹叡宽慰地说："这就好了，希望你能和曹爽一起辅佐他。临终前能当面托付你这件事，我也可死而瞑目了。"说完又诏皇族曹爽(曹操侄孙)入卧室，拜为大将军，都督中外军事，与司马懿一起辅佐曹芳。交代完毕后，当下就册立曹芳为太子。也就在同一天，曹叡病死于洛阳宫内的嘉福殿。公元 240 年正月，八岁的曹芳登基为大魏的皇帝，曹叡的皇后郭氏以太后的身份临朝主政。曹魏的发展也进入了一个新的篇章。

五、曹爽的无能与“三马食槽”

曹芳登基做了魏国的皇帝后，由司马懿和曹爽两人共同辅佐。因曹芳岁数太小，暂由太后郭氏临朝主政。其中，司马懿由于几十年的政绩和战功，在朝廷中威望颇重，而且他与郭太后的私交也很不错，两家关系紧密。而曹爽自身没有任何才能，更没有什么政绩和战功，让他当辅政大臣可以说是曹叡这一生最大的失算，再加上皇帝年幼，从而导致了曹氏政权最后落入他人之手。

曹爽就这样一步登天成为一人之下万人之上的大将军，甚至高于拼死拼活几十年的司马懿。在刚开始的时候，曹爽倒也老实，他知道自己没有一点能和司马懿相比，因此尊敬司马懿有如父亲，无论大事小情都和他商量后再作决断，两人倒也相安无事。然而，没过多久，两人之间的关系就开始出现紧张和摩擦。俗话说得好，“不怕没好事就怕没好人”，早在魏明帝曹叡时期，由于明帝相当讨厌浮华虚伪的人，因此对并州刺史毕轨及李胜、何晏等人都比较疏远，不喜欢任用他们。而这些人虽然确实也有些才干，但他们的通病都是一心只想升官发财，整天做哗众取宠的事情，甚至不惜削尖脑袋拼命向上爬，所以使曹叡深感厌恶。而曹爽却和这些人有相当的交情，在自己上台后就立刻重用他们

为心腹。这几个人就向曹爽建议大权不能旁落，应提防司马懿等人。曹爽也逐渐对司马懿手握重权开始不满。于是于公元240年二月，司马懿辅政仅一个月后，曹爽就上奏朝廷，以司马懿功高盖世为名，请求升他为太傅。太傅一职虽在三公之上，但没有实权。在明升暗降了司马懿之后，曹爽又把他的几个兄弟都安插在重要的职位上，掌握了京城洛阳的军政大权。从此，曹爽开始大权在握，对司马懿也仅剩下了表面上的尊重，朝廷上的一切事务都由自己决断。不过，曹爽虽然费尽心机地夺取了司马懿的实权，但还是给他留了个持节都督各地军事的权力。大概他也知道在军事上自己是远不如司马懿的。

公元241年，沉寂多年的东吴分四路大军猛攻魏国。魏军经过苦战，将其中的三路击退，唯有樊城的朱然还在猛攻。过了许久，司马懿看到曹爽在应对军事上实在是太过无能，于是亲自出征讨伐。而朱然一听来的是司马太傅，连应战的勇气都没有，立即掉头就逃，但在三州口被魏军追上，于是狼狈地丢下一万多尸体和大量军用物资后逃回了东吴。

曹爽原本指望司马懿出师不利，甚至还期盼司马懿这个老东西（时年63岁）最好在行军途中就死去，但没想到他大获全胜而且还毫发无伤，心里虽不是滋味，但也无可奈何。第二年春，东吴大将诸葛恪再次侵犯淮南，司马懿再次请命出征。然而，曹爽却把司马懿的请战压了下来。可是，自己却应对无术，一直都解决不好这次的“侵略”，不得已只好让司马懿再次出征。曹爽原以为从洛阳到淮南，行程有两千多里，而且对手诸葛恪也不是等闲之辈，应该能给司马懿制造一点麻烦。哪知道诸葛恪一听说司马懿来了，也当即掉头就逃。就这样，司马懿两次出击东吴的大胜为整个朝野称颂，使无所作为的曹爽渐渐感到了压力。为了

树立自己的威望，手下人也给曹爽出了个馊主意：征讨西蜀。

蜀汉自公元234年诸葛亮去世后，到此已经整整九年。九年中，蜀汉虽然也有些军事行动，但规模都很小，对魏国也谈不上什么威胁。曹爽觉得蜀国国力最弱，为给自己捞够对抗司马懿的政治资本，公元244年三月，曹爽带着十万大军杀气腾腾地攻向汉中。汉中的蜀汉守军不多，看到敌人浩浩荡荡，大家都有点心慌，有人就提议放弃险要而把守城池，然后等待蜀中的援军。大将王平坚决反对，认为如果被敌人先占据险要，将是他们的心腹大患。于是，他立即派人先占据了兴势这一军事要地，左右扎营一百里以抗拒曹爽。蜀汉大将军费祎在蜀中，也积极准备救援。

司马懿像

司马懿看到曹爽如此胡闹，不禁摇头叹息。自曹爽发兵以来，就大肆征用民夫的骡马为自己运送粮草，但无奈西蜀道路崎岖，交通极为不便，以至于累死的、不小心掉到山崖里摔死的骡马不计其数，一路上骡马尸横遍野，民夫们纷纷抱头痛哭。曹爽虽有十万大军，却一无所获，眼睁睁地看着蜀汉援军不断开来。他的参军杨伟当即就劝曹爽收兵，

曹爽看到这阵势，虽有退兵之心，但害怕自己这样灰溜溜地回到朝廷后，会被人耻笑，心里一直犹豫不决，下不了决心。最后随着形势的进一步恶化，营中大将纷纷劝他退兵回师，曹爽才觉得大势不妙，慌忙下令撤兵。然而为时矣晚，他的犹豫为蜀汉提供了充足的时间，退路已经被蜀汉的援兵切断。曹爽一看如此也没有其他办法，只得凭借人多硬闯。经过一番苦战，曹爽损兵折将、丢盔弃甲，但总算仗着人多，窝窝囊囊地逃离了汉中。经此一战，曹魏损失惨重，就连关中一带都因民夫牲口的损失而元气大伤。曹爽本想效仿司马懿立些战功，没想到兴师动众后换来的却是朝野的一片嘲讽。

曹爽在军事上的无能，已经引起了朝堂上有些人的不满。但他依旧肆无忌惮，认为只要司马懿回家，自己是不用担心任何事的。再加上他为人一向骄奢无度，自己府上的食用比皇宫里的都要华贵，整天和何宴等人饮酒狂欢。各地有什么贡品，他也先过目后留下自己喜欢的，而把自己看不上的送入皇宫。曹爽的这些行为，连亲弟弟曹羲都看不下去了，几次劝诫，以至于声泪俱下。然而，无论是眼泪还是兄弟亲情都没能打动这个死到临头的曹爽，就连他原来的部下都对他彻底失望。

司马懿看到这种情况后，觉得机会就要到了。司马懿虽然被剥夺了实权在家赋闲养老，但他一直隐忍不发，暗中积蓄力量，等待时机。当他看到曹爽的行为已经天怒人怨，就开始着手布置。但他并没有忘记自己当时仍然处于劣势，于是表面上表示自己因年老病重，就快不久于人世了。而曹爽这伙人虽然排挤了司马懿，但对他还是有一丝的戒心，于是就让新上任的荆州刺史李胜以辞行和求教（司马懿曾在荆州镇守多年）为理由来探探底细。曹爽的这种把戏自然瞒不过司马懿的眼睛。于是，他故意做

出了一副体弱多病的样子来招待这位客人。李胜见到司马懿躺在病床上，连站立起来打个招呼的力气都没有，很是吃惊，忙说道："天子隆恩，任命我为本州（李胜是荆州人，因此称荆州为本州）刺史，今日特地来向太傅您辞行。早就听说您身体有恙，但没想到病得这么厉害。"司马懿故意气喘吁吁地说道："您屈就到并州，那里靠近匈奴，最近听说闹得比较厉害，一定要好好注意边防。等我死后，两个儿子司马师、司马昭，就托付给您了。"李胜听到后一愣，并州？不对啊，就说道："我是去本州，不是并州。"司马懿还是装作听不清的样子："哦，您刚从并州回来？"李胜没办法，只好大声缓慢地说："我是就任荆州刺史，不是并州。"司马懿这才听清，叹息道："我年老耳聋，听不清楚了。您这是衣锦还乡啊，真是可喜可贺。希望到任后，能再立新功。"说完后，便示意口渴，旁边的侍女忙端来汤水。然而，司马懿才喝了不到几口，就弄得浑身都是。李胜看到这个样子后，自己反而尴尬起来，也不便打扰，说了几句客气话后就告辞离开了。回去后，他便将情况一五一十地告诉了曹爽，并肯定地说道："太傅已经没有几天活头了，您不必担心。"听完李胜的这番话，曹爽认为把持朝政、为所欲为的最后障碍已经不存在了，从此更加肆无忌惮，不再对司马懿加以提防。

嘉平元年，即公元249年正月，丧失警惕、思想麻痹的曹爽兄弟陪同小皇帝曹芳前往拜谒高平陵，在没有任何防备的情况下，便带领自己的亲信部队轻易地离开了京城。在家装病而暗中准备的司马懿立即抓住这个时机，发动了政变。他上奏郭太后免去曹爽兄弟的官职，夺了他们的兵权，然后亲率兵马屯兵于洛水浮桥，切断了曹爽的归路。同时还派人给魏帝曹芳送去了罢免曹爽的奏章。他还以洛水为誓，保证曹爽等人仅是给予免官绝不会

加害他们。曹爽的谋士桓范却力劝曹爽迅速保护皇帝到许都下诏调兵，镇压司马懿的反叛。愚不可及又贪生怕死的曹爽此时早已没了主意，思考了一晚还是舍不得自己的身家性命和荣华富贵，于是索性就把刀往地上一扔，投降了。然而，这一次曹爽又上当了。当曹爽等人回到京都不久后，司马懿便以“背弃顾命，败乱国典，内则僭拟，外专戚权”的罪名，将曹爽兄弟及其党羽全部诛杀，并灭了他们三族。曹爽死后，朝堂之上再也没有能和司马懿相抗衡的人了，从此司马懿开始大权独揽。在平定了几次地方上的叛乱后，司马懿的地位更加稳固了。曹魏政权渐渐地转到了司马氏家族的手中。公元 251 年八月，司马懿在讨伐政敌王陵胜利归京后，就病死于洛阳，终年七十二岁。司马懿死后，其子司马师继承了他的权位，继续控制着曹魏的政权，独专国政。没过几年，司马师也去世了。他死后，弟弟司马昭继承了父兄所开创的基业，继续控制着曹魏的政权。从前曹操有一次做梦，梦见三匹马同时在一个槽里吃草料，认为有姓马的人将夺取他的江山，一开始他认为是马腾、马超父子，在消灭了马氏势力后，以为自己可以高枕无忧了，但没想到最后自己的后代竟然应验了这个梦。从司马懿到司马师再到司马昭，父子三人一直控制着曹魏的政权，为后来西晋的建立奠定了深厚的基础，所以后人也把这段历史概括为“三马食槽”。

点　评

三国之中，曹魏的国力最强、疆域也最大，而且占据着当时中国最发达的黄河流域。虽然经过汉末的战乱，曹魏的经济水平遭到一定的削弱，但由于先天条件好，再加上曹操等统治者对农

业的注重，恢复的也比较快。可以说是同时抗衡着西蜀和东吴两个方向的夹攻。曹操一代雄才大略之主，开创了魏国基业，但没想到在自己死后，魏国政权不出三代就被司马氏所控制。当年在曹操身上发生的历史又发生在自己的后代身上，只不过正好相反。难道真是验证了因果报应之说？

相关链接

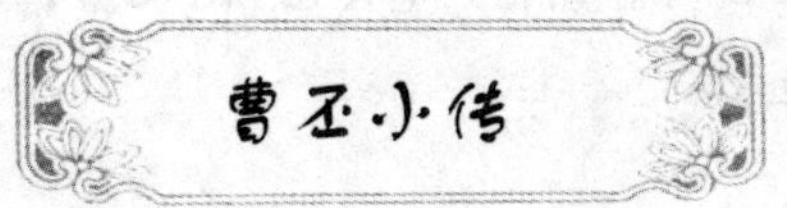

曹丕小传

曹丕(187～226年)，字子桓，沛国谯县（今安徽省亳州市)人，三国时期魏国君主，庙号世祖(魏世祖)，谥号文皇帝(魏文帝)，政治家、文学家。

曹丕是曹操的次子，为卞氏所生，在争夺继承权问题上处心积虑，战胜了文才更胜一筹的弟弟曹植，被立为王世子。东汉建安十六年(211年)，为五官中郎将、副丞相。建安二十二年，被立为太子。延康元年(220年)，曹操死，曹丕继位为丞相、魏王，曾以不参加葬礼之罪逼弟弟曹植写下《七步诗》，险些将其杀害，又顺利夺下弟弟曹彰的兵权，坐稳了魏王之位。同年十月，曹丕逼迫汉献帝禅位，自立为帝。改国号魏，改元黄初，为魏国开国皇帝，也是三国中第一个称帝的君主。后来将都城由许昌(原许县)迁至洛阳。

曹丕坚持大权独揽，设立中书省，其官员改由士人充任，原由尚书郎担任的诏令文书起草之责转由中书省官员担任，机要之

权渐移于中书省。定令妇人不得干政，群臣不得奏事太后，后族之家不得当辅政之任。他又建立并推行九品中正制，力图把用人权从士族地主手中收归朝廷。曹丕通过这一系列措施，进一步巩固了魏国的统治地位。

刘备伐吴时，曹丕看出刘备要失败，但不听谋士贾诩、刘晔之言，偏要坐山观虎斗，事后又起兵伐吴，结果被徐盛火攻击败。回洛阳后，曹丕大病，临终前将曹叡托付给曹真、司马懿等人，终年四十岁。

曹丕爱好文学，并有相当的成就，曾写下《燕歌行》等中国较早的优秀七言诗。所著《典论·论文》，在中国文学批评史上占有重要地位。

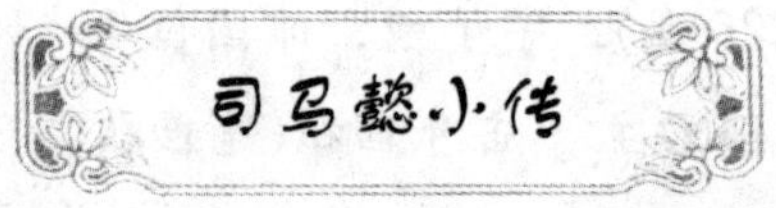

司马懿小传

司马懿(179～251 年)，字仲达，河内温县孝敬里(河南温县招贤镇)人，三国时期魏国杰出的政治家、军事家，权臣。多次率军对抗诸葛亮，以其功著，封宣王。其孙司马炎称帝后，追尊为晋宣帝。

司马懿是司马防次子，史书称他“少有奇节，聪明多大略，博学洽闻，伏膺儒教”。

当时的南阳太守杨俊素以知人善任著称，司马懿二十岁前，杨俊就见过他，并且说他绝非寻常之人。

曹操之前就听过司马懿的大名，并请他帮助自己，被拒绝。曹操成为丞相以后，强行使司马懿辅佐自己。司马懿在曹操手下任职，小心谨慎，勤勤恳恳。

此后，司马懿随曹操东征西战，后来单独带兵，并且取得了不小的战绩，是当时曹操手下一个比较重要的谋臣和将领。

延康元年(220 年)，曹操去世，朝野危惧，司马懿管理丧葬诸事，内外肃然。

同年，曹丕即魏王位，司马懿受封河津亭侯，转丞相长史。曹丕登上皇位后，任命司马懿为尚书，不久转督军、御史中丞，封安国乡侯。

黄初二年(221 年)，司马懿免去督军官职，升任侍中、尚书右仆射。

黄初三年(222 年)和黄初五年(224 年)，曹丕两次伐吴，都以司马懿镇守许昌，并改封司马懿为向乡侯。

黄初七年(226 年)五月，曹丕去世。临终时，令司马懿与中军大将军曹真、镇军大将军陈群、征东大将军曹休为辅政大臣。明帝即位，改封司马懿为舞阳侯。

嘉平三年(251 年)六月，司马懿病，同年八月，司马懿去世，享年七十二岁。同年九月，司马懿被葬于河阴，谥文贞，后改为文宣。晋武帝给司马懿上尊号为宣皇帝，称其陵墓为高原，庙号高祖。

第五章
入主巴蜀——谈蜀汉政权的兴盛

一、刘备“借”荆州

经过赤壁之战后，孙权成为最大的赢家，不仅统治得到了巩固，而且势力开始向外扩展。刘备也趁机向江南发展势力。他首先派兵进攻武陵、长沙、桂阳、零陵四郡，占据了荆州的江南部分。随后任命诸葛亮为军师中郎将，都督零陵、桂阳、长沙三郡，征收赋税，以供军政费用。刘备虽有江南四郡，但荆州最为重要的南郡却在孙权的手里。刘备的目标，就是要把南郡拿到手。为此，刘备首先向朝廷推荐刘表的长子刘琦为荆州刺史，推荐孙权为代理车骑将军，兼任徐州牧，一方面是不让东吴占去了荆州刺史这个职位，另一方面又用推荐孙权换取孙权推荐自己的好处。不久刘琦病故，孙权果然推荐刘备任荆州牧。刘备当上了荆州牧，在名义上站住了脚，而原来刘表的部属也大多归附到刘备手下。刘备就以不足以容纳众多手下为理由，于公元 210 年亲自去面见孙权，请求都督荆州，把荆州都交给他管理。

周瑜在得知刘备要去京口向孙权借荆州，马上写书信给孙权，表示坚决反对。周瑜一向认为刘备不是“池中物”，对他早有戒心，如今若是把整个荆州给他作资本，那就会使他像蛟龙得雨，终究不会再留在水池中了。所以他提出应乘此机会把刘备扣

留在东吴，再将关羽、张飞分开，好让他等将领统率他们作战，这样天下大事就可以定了。他建议扣留刘备用软方法，给他大兴土木建造豪华舒适的住宅，多供应美女和玩赏娱乐的物品，使他沉溺于声色之中，迷恋奢侈豪华的生活，最终磨掉他争天下的豪心壮志。周瑜这个计谋的确很厉害，但却没有被孙权所采纳。但孙权也没有答应刘备把荆州借出。而刘备回去后很久，才得知其中的内幕，为此十分感慨，也深为自己庆幸。因为当初诸葛亮劝他不要亲自去东吴，正是担心他去了而回不来，恰恰预测到了周瑜的计谋。刘备说当时自己的处境危急，不得不去，看来此行确实危险，差点就栽在周瑜的手上。

孙权没有采纳周瑜的建议，是因为曹操还在北方，应当广揽英雄。也正是从孙、刘联合抗曹这个大局出发，他不但不能得罪刘备，而且还要巩固与刘备的联盟。所以当刘备取得江南四郡、立营公安时，孙权担心刘备势力强大以后不跟东吴联合，特地把他的妹妹嫁给了刘备，两家结了姻亲，以巩固双方的联盟。周瑜见一计不成，又生一计，专门到京口见孙权，提出跟孙坚的弟子孙瑜一起进取西蜀，兼并汉中，并结好关西的马超，日后再与孙权一起占据襄阳，进逼曹操，最后图谋进取北方。孙权同意了这

五铢铜钱

个建议。周瑜的这个建议，也是用来对付刘备想借荆州的重要谋略。但可惜的是周瑜在回江陵的途中生了病，很快病故于巴丘(今湖南岳阳)，时年三十六岁。而周瑜在病势严重之际，还给孙权写了他人生中最后一封书信，信中他一再强调现在曹操在北方，疆场一直不能平静下来；刘备寄寓在荆州，有如养虎；天下间的大事，他也无法预测未来会怎样，但这正是臣子和将士们奋发有为的有利时机，希望孙权能好好思虑运筹。周瑜的临终书信，实际上就是告诫孙权不要轻易把荆州借出去。而孙权也对失去周瑜十分悲痛，亲自素服迎接周瑜灵柩。

周瑜病故后，孙权按照周瑜临终的推荐，由鲁肃接任他的职位，孙权也同时任命程普兼任南郡太守。鲁肃是一贯主张联合刘备抵抗曹操的，在接替周瑜后，就劝说孙权把荆州借给刘备。于是，程普又改为兼任江夏郡太守。刘备终于借到了荆州即得到了南郡。如果周瑜在世，刘备是不可能借到荆州的，甚至不大可能在荆州待下去。所以说刘备借荆州实在是侥幸之至。荆州到手后，刘备有如蛟龙得雨，终于可以腾云驾雾大显神威了。这便是“刘备借荆州”的故事。据说，当时曹操正在写字，一听说孙权把荆州借给了刘备，连笔都落到地上了，可见他也知道荆州对刘备的重要性，也预感到今后自己又多了一个实力强大的敌人，但自己也是无可奈何。至此，刘备在荆州立足已稳，终于有了一块战略位置极为重要的地盘，从此也有了争霸天下的资本。

二、入巴蜀，大器晚成建帝业

刘备取得荆州，从此有了一块立足之地。为了实现诸葛亮《隆中对》中提出的目标，刘备集团开始谋划，准备夺取西面的益州。

益州包括今天的四川和云南、贵州的大部分地区，地方广阔，土地肥沃，素以“天府之国”著称，但在刘焉、刘璋父子的统治下，这里却成了一个社会矛盾极为尖锐复杂的地方。公元208年，曹操攻下荆州，刘璋曾归附于曹操。但赤壁之战后，刘璋就断绝了同曹操的联系。孙权曾经派人联系刘备，想双方联手共同攻取益州，刘备因为另有打算，拒绝了孙权的建议。原来，刘备早在此之前，就已经与刘璋方面的一些人有了接触。刘璋在赤壁之战前派部下张松，赤壁之战后又派部下法正，先后拜见过刘备。刘备不但热情地接待他们，还借机询问了许多益州的情况。张松、法正两人见刘备才能突出，善于用人，对他也都十分倾心，就把益州的地理形势和府库钱粮、人马兵器等情况都告诉了刘备，甚至还画了一幅详细的益州山川地理形势图，供刘备参考，使刘备很快摸清了整个益州的虚实。张松、法正从刘备那里回到益州后，都劝刘璋应该与刘备结好，后来二人又开始密谋，

寻找机会迎接刘备入蜀。谋臣庞统这时也劝刘备应尽早占据益州，他说："荆州荒凉残破，人口不足，东面有孙吴，北面有曹氏，我们很难再向这两面发展。而益州国富民强，户口有一百多万，物产十分丰富，粮食也不需要外面供应，只要我们占据了益州，大事就可以定了。"最后，他还提醒刘备："现在你不取，终有一天要被他人所取。"

建安十六年，即公元 211 年，益州牧刘璋听说曹操准备派大将钟繇率军进攻汉中的张鲁，十分恐惧。张松趁机建议刘璋，可以让刘备率兵入蜀以抗曹操。刘璋听从了这个建议，并派法正领兵四千，携带厚礼，前往荆州迎接刘备。法正出发前，有人就提醒刘璋，刘备是一个有雄才大略的人物，接他来益州，如果以部下对待，他不会满意；如果以宾客礼对待，正所谓一国不容二主，恐怕刘璋的地位会不保，请他作长远考虑，不要让刘备入蜀。但刘璋根本就听不进这个人的意见。果然，法正一到荆州，就劝刘备应趁机占据益州。

白帝城

刘备也认为时机已到，于是以接受刘璋的邀请为名，率领步卒数万人，与庞统、黄忠等进入益州，只留下诸葛亮、关羽、张

飞等守卫荆州。刘备经江州（今四川重庆市）、垫江（今合川）抵涪县（今绵阳市东北），刘璋率文武百官出城热烈欢迎。刘璋先让刘备做了行大司马，兼领司隶校尉，又将自己手下的一部分军队交给刘备指挥，让他去攻打张鲁。这时张松让法正提醒刘备，可以趁机袭杀刘璋，谋臣庞统也赞成这么做。然而刘备认为此事非同一般，不能仓促进行，就暂时按刘璋的意图，率领约三万人，带着大量的武器装备前去攻打张鲁。由于刘备根本就没有讨伐张鲁的想法，于是在前进到葭萌（今四川广元西南）的时候，便停下来拥兵自保，并且"厚树恩德，以收众心"，为夺取益州作准备。

建安十七年（公元212年）十月，曹操进攻孙权，孙权请刘备回救荆州。刘备以孙权和他是唇齿关系为借口，派使者请刘璋给予他一万兵力及其相应的武器粮草，以便他援救孙权。刘璋对刘备不讨伐张鲁而去援救孙权相当不满，只勉强答应给兵四千名，武器粮草等也都只给刘备所要求的一半。刘备于是趁机对将士们说："我为刘璋征讨强敌，大家一路上辛苦劳累，没有一刻安宁；刘璋在府库里积累了大量的资财，但对我们却如此吝啬，这怎么能让大家为他卖命呢？"于是军中上下都对刘璋产生了不满情绪。在成都的张松这时却认为刘备真的要离开益州，赶紧给他写信说："现在大事马上就可成功，怎么能放弃而走呢？"不料信件被人告发。刘璋当即捕杀了张松，然后下令各地将领不得放刘备通过。刘备闻讯后大怒，率兵反攻回成都，一路上势如破竹，守军纷纷投降，最后将刘璋包围在雒城（今四川广汉西北）。与此同时，刘备还下令留守荆州的诸葛亮火速领兵西上。诸葛亮留下关羽驻守荆州，自己立刻与张飞、赵云统兵入蜀。一路上，连续攻下巴东、江州等数座城池，进展也很顺利。公元214年五

月，刘备攻下雒城，刘璋逃至成都。刘备乘胜追击，在成都与诸葛亮的军队会师。当时，成都城内有三万精兵和可供一年支出的粮食布匹，有些人还想固守。但刘璋见大势已去，无心抵抗，便说道："我们父子两人在益州二十余年，一直对老百姓无恩无德，已经让他们四处奔波，战争已经进行了三年了，我怎么忍心再让他们为我受苦呢！"于是就在这年六月出城投降，刘备终于取得了益州。在占据益州后，刘备自称益州牧，以诸葛亮为军师将军，依靠法正、关羽、张飞、赵云、马超等文臣武将，收拢了董和、黄权、李严等一部分刘璋旧部，初步具备了封建统治的规模。从此，刘备外出征战，诸葛亮则镇守成都，兵足粮丰，配合十分默契。

作为一个外来势力，刘备在占领益州后，吸取了刘璋的教训，一开始就注意搞好与当地世家大族以及刘璋旧部的关系，只要不是公开反对他的，就加以笼络和任用。例如黄权曾在开始时极力反对刘璋迎刘备入蜀，刘备进入益州后，黄权还闭城坚守，直到刘璋投降后，他才投降。对于这样的人，刘备也不计前嫌，加以任用。刘备较好地调和了主客之间的矛盾，使他的统治得到初步的稳定。在刘备刚刚进入成都时，有人就主张将成都内外的一些土地房屋分赐给追随他的众位将领，但赵云提出反对意见："现在天下还没有平定，千万不可追求享受和安乐。益州百姓遭受了战争的祸害，我们应该把土地房屋归还给他们，使他们能安居乐业。"刘备从统治者的长远利益考虑，很痛快地采纳了赵云的意见。此外，在攻破成都时，士兵们将财宝钱物争抢一空，后来军费不足，刘备很是担忧。有个叫刘巴的人就建议说："这不难，您只要铸造钱币，平抑物价，开展官市，就行了。"刘备也采纳了他的意见。不久，财政状况

果然有了好转。以前在刘璋统治益州时期，地方豪强和官员们往往专横恣肆，侵夺百姓，不仅使阶级矛盾十分尖锐，而且统治阶级内部也常常因分赃不均而矛盾重重。进入益州后，诸葛亮就采取了“先理强，后理弱”的政策，以求改变这种现状。“理强”即限制、打击专横自恣的豪强官吏；“理弱”即扶植农业、发展生产。在刘备的支持下，诸葛亮厉行法治，对那些为非作歹并且敌视刘备集团的豪族官僚进行了严厉的打击。同时为了更有效地实行法治，诸葛亮还制定和颁布了一些法令、条例，后来的《蜀科》就是其中的一种。由于诸葛亮赏罚分明，使刘备集团的工作效率大大提高，统治秩序也进一步稳定，民心也开始慢慢归附，刘备很快就在益州站稳了脚跟。

不久，刘备出兵北上攻取汉中。汉中四周群山环绕，中间是汉中盆地，向南也威慑着益州巴蜀，曹操可随时兵锋南下，因此汉中一日不在刘备手中，益州就一日不得安宁。而如果刘备占据汉中，进可出兵中原，退可拥有雍州、凉州，所以说汉中是个极其重要的战略要地。由于曹操刚刚夺得汉中，人心不稳，统治力量还比较薄弱。因此，刘备没有费多大力气就攻取了汉中，从此势力更加强大了，具备了与曹操、孙权相抗衡的实力。三国鼎立的局面最终在此形成。

建安二十五年，即公元220年，曹操病死，曹丕代汉称帝，建立魏国。为了继承汉统，第二年，诸葛亮等人也请刘备称帝，于是刘备就在这年四月也正式称帝，国号汉，也叫蜀或蜀汉，同时任命诸葛亮为丞相。刘备从一开始的四处颠沛流离，到晚年建立蜀汉帝业，真的可以说是大器晚成啊！

三、老黄忠与猛张飞的功勋

说起刘备一生的功业，我们无法不谈到他手下的众位大将，其中有许多我们所熟悉的《三国演义》里的人物，如关羽、张飞、赵云、黄忠等人。没有他们的冲锋陷阵、征战四方，刘备也不会有后来的成就。其中，黄忠和张飞在为刘备攻取益州和汉中这两处后来成为蜀汉根本的地方，立下了汗马功劳。

黄忠，字汉升，公元147年生，南阳人。他是历史上有名的老将，在老年时期表现十分活跃，与战国时期赵国大将廉颇齐名。黄忠一开始在韩玄的手下为将，年近六旬仍有万夫不当之勇，弓箭射术天下无双。黄忠与前来攻取长沙的关羽连战三日，不分胜负。黄忠感动于关羽的义气，不忍心用弓箭把他射伤，太守韩玄则以黄忠战关羽不利要处斩他，后为魏延所救，最后投降于刘备。不久，黄忠随刘备入西川，所到即克，战功赫赫。后又率军攻打汉中，定军山一役亲斩夏侯渊，为取汉中的第一功臣。

黄忠年轻时一直为荆州刘表效力，被刘表任命为中郎将，与刘表的侄子刘磐一起驻守长沙攸县（今湖南株洲攸县）。公元208年，曹操占领荆州后，临时任命他为裨将军，仍然驻守原地，归属于长沙太守韩玄。公元209年，刘备攻打荆州各郡，占

领了长沙、零陵、桂阳、武陵等地，黄忠投降刘备。公元 211 年，黄忠跟随刘备入川，征战益州，表现突出，勇冠三军。平定益州后，刘备封他为讨虏将军。在《三国演义》里描写了黄忠在川中战斗中攻打雒城时斩杀了刘璋将领邓贤，挫败泠苞，并解救魏延。庞统死于落凤坡后，黄忠再次解救魏延，领兵杀出重围，表现十分英勇。公元 219 年，刘备领兵进攻汉中的定军山，在此一战中，黄忠亲手斩杀了在曹操麾下身经百战的守将夏侯渊，令曹军惨败，黄忠因此名声大振。后黄忠升为征西将军。公元 219 年，刘备自立汉中王，重用黄忠为后将军，《三国演义》里就是在此时将黄忠与关羽、张飞、赵云、马超四人并称为蜀国的“五虎上将”，黄忠名列第五。诸葛亮曾劝刘备说，黄忠的名望不能跟关羽、张飞等人并列，黄忠在益州的战功，马超、张飞看见还能理解，但关羽却是远在荆州，恐怕会对此不满。但由于刘备坚持，黄忠最后仍与关、张等人齐位并列，赐爵关内侯。公元 220 年，黄忠病逝，终年七十三岁。

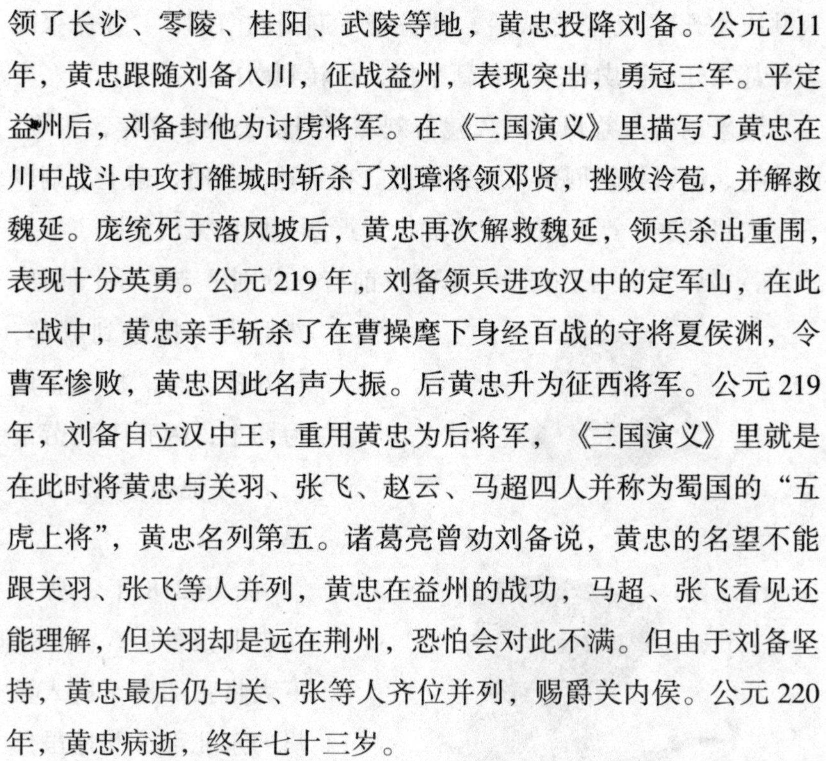

张飞是刘备的义弟，在五虎大将中列第二位，年轻时就与关羽共同辅佐刘备。黄巾起义时，刘备就在涿县组织起一支军队，参加了剿灭黄巾军的战争，张飞初战时就杀死敌方大将邓茂，从此开始崭露头角。三人一向情同兄弟，刘备坐下时，二人也常常不辞辛劳地随身守护，有时一站就是大半天。刘备在年轻时辗转担任了许多官职后，投奔昔日的同窗公孙瓒，并被封为平原相，此时关羽、张飞任别部司马。后来刘备再依附袁绍、刘表，最后屯兵于新野。几年后，刘表病死，曹操南下，刘备放弃新野后，一路向南逃，曹操于是派了五千骑兵，连续追赶了一天一夜，在当阳桥上，刘备抛弃妻子先逃跑了，张飞带领二十骑为他断后。张飞把桥摧毁后，站立在河边，大喊道：“我是张益德也，谁与

我共决生死?”赤壁之战后，刘备夺下荆州的南部，并任命张飞为宜都太守、征虏将军，封新亭侯，后转到南郡。

后来刘备入益州，不久就与刘璋反目。公元213年，张飞、诸葛亮、赵云等领荆州兵入蜀增援。在到达江州时，遇上了刘璋手下大将严颜，严颜被张飞生擒，但严颜拒降的豪气使张飞很是感动，被张飞引为上宾。大军继续前行，分别平定了各个郡县，然后大军推进到成都，与刘备会合。后刘备成为蜀主，因张飞功劳最大，对他赏赐极为丰厚。

张飞像

公元218年，曹操在击败张鲁后，派遣手下大将张郃率军进入益州的东北部，此地虽然属于益州，但向来是张鲁的领地。刘备于是任命张飞为巴西太守，出兵争夺此地，两军对峙了大约有五十多日。后来，张飞率精兵一万多人，与张郃军交战。因山道狭窄，前后不能相救，张郃大败，弃马后只与十多个人爬上山才得以逃走。此战不仅拓

增了刘备的领土，最重要的是保住了蜀地门户，使益州转危为安。张飞随即又参与攻打汉中的战事。公元 219 年，刘备据有汉中，称汉中王，拜张飞为右将军。不久，关羽就被孙权所杀。

公元 221 年，刘备称帝，张飞被任命为车骑将军，领司隶校尉，晋封为西乡侯。同年，刘备声称要为关羽报仇，于是东征东吴。张飞在阆中准备出兵会师江州，但在临近出发时，却被自己的麾下将领谋杀，该将领更是带着张飞的首级奔赴孙权。当刘备听到是张飞的手下递书信时，就知道张飞也死了。

从以上二人的故事中我们可以看出，黄忠和张飞在刘备西取益州、北踞汉中的过程中，都居功至伟。从整个蜀汉的历史来看，益州和汉中对它具有极其重要的作用，所以正是黄忠和张飞两人在此过程中表现优异，为蜀汉的基业奠定了基础。

四、关公大意失荆州

当刘备在益州和汉中一切进展顺利的时候，远在荆州的关羽看到大家都有仗可打，而且纷纷立下战功，自己却待在荆州无所事事，最后还被封为前将军，名列“五虎上将”之首。虽然觉得自己肯定是实至名归，但终归没有什么大的战功，于是带着前将军的头衔立刻准备北伐，拓展领土。

关羽像

不久，关羽任命南郡太守糜芳守江陵，将军傅士仁守公安后，自己则亲自带领军队渡过汉水攻打樊城的曹仁。曹操恐怕曹仁寡不敌众，便派于

禁前往樊城支援。于禁、庞德等人驻扎在樊城北部为后援，曹仁自己则率领部将坚守樊城。可不曾预料，那个月雨水比较充沛，汉江泛滥，连平常的平地都成了好几丈的深渊。就这样，北边的于禁营寨就被洪水无情地吞噬了。于禁没办法，只好到高处躲避。关羽则趁机乘船猛攻，穷困之余的于禁举起了白旗。关羽消灭了援军后，趁势大举围攻樊城。曹仁北面的后援被断绝，城墙也由于被水浸泡后处处崩塌，但曹仁下定了坚守的决心，死死地抵挡着关羽的猛攻。关羽在亲自攻打曹仁的同时，又派部下围攻与樊城一江之隔的襄阳。关羽的节节胜利，吓坏了曹操。再加上各地又出现了许多反叛，使曹操心生迁都的想法。但是曹操手下的司马懿则一针见血地分析道："于禁是被水淹的而不是被打败的，对于我们算不上是太大的损失。如今孙、刘两家失和，表面上一团和气，内部却钩心斗角。关羽的强盛，孙权看到后不会高兴。我们可以趁机派人去劝说孙权从背后动手，并且答应他事成之后将长江以南的土地让他去管理，孙权不会无动于衷的，这样就可保樊城无恙了。"曹操一听很有道理，马上派人去东吴施行这个"离间计"。

此时的东吴对蜀汉的态度，已经彻底转变，两家早已不像当初那样和睦了。尤其在鲁肃去世，吕蒙接任陆口(长沙东面)这一要地的防守后，东吴对关羽的外交方针便开始发生彻底的改变。吕蒙对鲁肃依靠关羽抵挡曹操的战略向来不以为然，认为自己率军足以抵挡曹操的进攻，没必要非依赖于关羽。孙权于是就问他："如今我想先攻取徐州，然后再收拾关羽，你觉得这样可以吗?"吕蒙一愣说道："徐州守军不多，攻克当然也不难。但那里是平原旷野，我们即使以七八万人来防守，也未必能顶得住曹操的反扑。不如先消灭了关羽，全据长江，以长江为防线，那时

徐州就是我们的了，进退攻守自如。”孙权也认为如此。这时关羽北上攻打樊城曹仁，但在后方还是留下了许多人马，以防备东吴的偷袭，断了自己后路。吕蒙当然明白，于是就想了个计策，上表称自己病重，这样关羽就放心了，必然会从南线调兵北上，那时再偷袭，就肯定会成功。关羽也并非对东吴没有一点防备，他留下足够的军队防备后方的突袭。但当他听到吕蒙病倒，还派了一个名不见经传的小辈来接替吕蒙，便起了轻敌之心，认为东吴不会对自己动手，同时自己在前线也遭遇到了劲敌——曹操派出了名将徐晃前往救援。徐晃一直不和关羽正面交战，只是四处游击，使关羽也不敢率军直接北上。为了早日攻克樊城，他便从自己的后方不断调兵北上增援，使防守东吴的力量不断缩小。吕蒙觉得机会马上就要到了，于是开始着手布置。

关羽也听到自己背后有暗箭，大吃一惊，却又一时犹豫不决。由于洪水渐渐退去，一度岌岌可危的樊城再次变得坚固起来。而同时曹操也接二连三地给徐晃派去援兵。由于关羽的精力已经耗尽，军心也已经动摇，无法抵挡实力增强的徐晃，只好退守。最终樊城也没有被关羽攻克，但他仍仗着水军据守汉江，襄阳仍然处在其包围之下。

就在关羽前方被徐晃打垮的同时，背后的东吴也开始行动。首先吕蒙派兵进攻寻阳(今湖北黄梅西南)，他让人把战舰伪装成商船，兵士扮为商人，昼夜兼程急进。关羽在江边的守军看到来了这些不速之客，不以为然。就这样，吕蒙不费吹灰之力便攻取了寻阳，随即进取公安和江陵。公安守将傅士仁和江陵守将糜芳，平常就经常埋怨关羽对二人不够重视，这次关羽出征后又因为供应军粮的不及时而被关羽训斥，俩人不禁心生怨恨。吕蒙了解后，趁机让人劝降了傅士仁，又让傅士仁劝降了糜芳，于是兵

不血刃地把关羽的老巢给端掉了。吕蒙进城后，首先释放了被关羽俘获的于禁，并下令军队不得骚扰平民。同时，他对城中的百姓更是百般抚慰，很快取得了城中的民心，衙门里的钱粮也全部封存等候孙权的到来。

关羽知道这件事后，大叫不妙，再也顾不得襄阳，赶忙南下去攻打吕蒙。在半路上，关羽就屡次派人去吕蒙那里指责东吴不守信用，并要求他们退兵。吕蒙也不害怕，来一个厚待一个，来两个厚待一双，并带着这些使者周游江陵，挨家挨户地问候关羽手下将士们的亲属。使者们回去后，关羽的手下非常担心自己家里的情况，跑来一问，结果居然是秋毫无犯而且待遇比平常还要好，立刻就没了斗志。不久之后，孙权也到了江陵，关羽的手下也全都归顺了他。孙权任命陆逊为宜都太守，让他西进以阻断刘备的救援。陆逊到达后，彻底切断了关羽由长江退入西蜀的道路。关羽自知大势已去，于是勉强退守到麦城。孙权得知后便派人去劝关羽投降，而关羽来了个假投降，想带着十几名骑兵逃跑。没想到，孙权早防着这一手，很早就派人埋伏起来，建安二十四年（219 年）十二月，关羽逃出麦城后不久，就被孙权的部下抓住后杀死，自此刘备彻底地失去了荆州。

五、刘备白帝城托孤

刘备在登基称帝的那一年，决定亲自率大军进攻孙权。而赵云和其他一些文武大臣则劝阻说，目前蜀国的当务之急是早日攻占关中，以控制黄河、渭水上游，从而讨伐曹魏，而不是讨伐孙权。因为吴、蜀一旦交战，后果将很难预料。但刘备拒绝接受这些意见，下决心要夺回荆州，并为关羽报仇。

关羽与刘备是生死之交，从早年开始就跟随刘备征战四方，情同兄弟，在公共场合之下，常常整日侍立护卫，而没有一句怨言。后来，他们又共同经历了四处奔波、寄人篱下的岁月。建安五年（200 年），官渡之战前，刘备被曹操打败，关羽也被曹操活捉。曹操十分钦佩关羽的为人，任命他做了偏将军，又封他为汉寿亭侯。但关羽却始终不为所动，他说："我深受刘将军的厚恩，立下誓言要和他共生死，这是不可以违背的。"不久，关羽果然寻机逃回到刘备的身边。在刘备、诸葛亮先后入蜀之后，关羽依然留守荆州，为保证刘备夺取益州作出了很大的贡献。现在关羽突然被孙权杀死，刘备从感情上始终是难以接受的，所以他不可能不为关羽报仇。另外，从当时刘备集团的利益来看，刘备也确实有攻打孙权、夺回荆州的必要。诸葛亮的隆中对策中就为

刘备制订了详细的蓝图，其中把占据荆州作为刘备能否完成帝业的重要条件之一。现在失去了荆州，北面失去作为屏障的汉、沔地区，直接受到来自曹操入侵的威胁，东南面也失去了大量物质和财富的来源，刘备如果仅仅依靠蜀中益州，处境将会非常艰难。而且，就当时吴、蜀两国的形势看，刘备凭借地理优势，如果指挥正确的话，也不是没有打败东吴夺回荆州的可能。所以，尽管有许多大臣谏阻，刘备还是没有改变东征的决心。不过可惜的是，因为刘备指挥的失当，从而导致了这次东征的失败。而且在临出发前，张飞也被部将刺杀，使刘备又损失了一员大将。

三顾茅庐图

而孙权听到刘备要东征，赶忙派使者向刘备请和，而孙吴的南郡（今湖北江陵东北）太守诸葛瑾（诸葛亮的哥哥）也写信给刘备，劝他不要以兵戎相见，刘备都未予理睬。于是蜀军大举由三峡顺流而下，首先攻破了孙吴的巫县（今四川巫山）、秭归（今湖北秭归）守军。为了便于固守荆州，孙权一方面派遣使者向魏称臣，避免了两面受敌，另一方面则迁都武昌（今湖北鄂城），任命年轻大将陆逊为大都督安西将军，率五万大军进驻

夷道、夷陵，加强西线防务。公元222年二月，刘备率军从秭归出发，分兵两路攻吴。黄权建议道："吴人一向悍战，如果我们顺流东下，则前进容易后退艰难，我请求当先锋先同敌人交兵，陛下适合当后援。"刘备没有采纳这个意见，而是亲自统率主力军沿山势东进，最后在猇亭（今湖北宜都西北）一带扎营。蜀军从巫峡到夷陵境内，立了几十座营盘，前后有七百余里，并且凭借高处，据守险要，气势十分锐盛。陆逊看到这种情形，下令不得与蜀军交战，以等待时机。由于蜀军在山地上布阵，兵力难以展开，而且又是劳师远征，后勤补给比较困难。于是双方在猇亭对峙了将近半年后，蜀军的弱点逐渐都暴露了出来。由于蜀军没有机会与吴军决战，粮草等物资也是一天天的减少，士气逐渐低落。刘备看到后，心里很是着急，于是改变战略，下令水军也全部登陆，进入山林。陆逊一看，知道有机可乘，马上下令全军全线出击，并且让士兵每人带一把茅草，包围蜀军，一边放火，一边进攻，结果连破蜀军四十余营。蜀军损失惨重，损失了四万多人，舟船、器械等各种军事物资也损失殆尽。而刘备则是连夜向西突围，从小道逃往白帝城（今四川奉节县东）。

猇亭战败后，刘备愧恨交加，他不禁感叹地说道："我竟然会败在陆逊的手下，难道这是天意吗！"再加上一路上军旅劳顿，积劳成疾，刘备竟一病不起，一直留在白帝城。孙权由于害怕曹魏乘机袭击后方，也没有攻入蜀境，而是仍然遣使求和；刘备一败涂地，无力再战，也只得同意议和。刘备惨败的消息传到成都后，诸葛亮大为震惊，叹息地说："如果法孝直（法正）没有去世，就一定会劝阻主上东征的，而且即使东征，也不会导致这样的局面。"公元223年四月，刘备病情恶化，不久就病死于白帝城的永安宫，终年六十三岁。临终前，他派人把诸葛亮请到白帝

城，托付后事。他恳切地对诸葛亮说：“你的才能超过曹丕十倍，必能使国家安定。如果你觉得我儿子刘禅可以辅佐，你就辅佐他，如果他不行的话，你可以取代他的位置。”诸葛亮哭着说：“我一定竭尽全力，效忠贞之节，死而后已！”然后，刘备又对刘禅说：“我死之后，你要把丞相当做父亲一样对待，和他共同治理蜀汉。”刘备又留下遗书，叮嘱刘禅不可懈怠，凡事不能以为这是件很小的恶事就随便去做，也不能以为这是件很小的善事而不愿去做。刘备死后，太子刘禅即皇帝位，史称后主，改元建兴。刘禅封丞相诸葛亮为武乡侯，兼任益州牧。由于刘禅才能平庸，不精通政事，因此蜀国政事无论大小，全部都由诸葛亮决断定夺。

六、孔明南收孟获北伐中原

诸葛亮在辅政后做的第一件大事就是恢复了和东吴的联盟。刘备东征孙权的失败，不但使蜀汉的军事力量大为削弱，而且导致了内部政权的不稳。诸葛亮为了稳定政局，发展生产力，恢复经济，从而能够全力对抗曹魏，于是于公元 223 年派邓芝出使东吴。双方经过艰苦的谈判，最后孙权断绝了同曹魏的关系，重新又和蜀汉结成联盟。自此，吴、蜀双方使臣又开始往来不断，蜀汉也减轻了东顾之忧。外交上的成功，为诸葛亮集中力量整顿内政、平定南中叛乱，提供了有利条件。

公元 225 年三月，诸葛亮亲率大军南征平叛。蜀汉的南部地区，包括今天的四川南部和云南、贵州，当时历史上通称为南中地区，当时这里居住着一些被称为“西南夷”的少数民族。诸葛亮在《隆中对》中就曾设想“南抚夷越”，把这里建设成为刘备集团的大后方。刘备占领益州后，诸葛亮选派善于处理民族关系的安远将军邓芳治理南中地区，取得了较好的成绩。刘备东征失败后，南中四郡除永昌外，相继发生了叛乱。诸葛亮考虑到刘备刚刚去世，内部还没有稳定下来，对南中的叛乱分子采取了暂时克制的态度。吴蜀联盟的恢复，内部政局的稳定，使平息叛乱的

时机成熟起来。于是诸葛亮进军南中，一路上势如破竹，很快就打到了叛乱的中心——益州。当诸葛亮的军队到达益州时，叛军内部发生了分裂，雍闿被杀，当地少数民族首领孟获代替雍闿成为头领，继续与蜀军对抗。孟获勇猛顽强，在当地少数民族中威信很高。当蜀军即将与孟获交战时，诸葛亮却突然下令，对孟获只能生擒，不许伤害。原来诸葛亮觉得，南中地区地势偏远，民族成分比较混杂，如果一味以武力镇压的话，终究不是办法，而且会拖累自己的北伐大计。为了给蜀汉留下个稳定的大后方，他决定实行“攻心”战术，而且准备先从孟获入手，改变过去南中地区经常叛乱的局面，以便治理好南中。果然，经过一场激战，孟获兵败被俘，事后诸葛亮命令军队摆开阵势，让孟获观看，以便观察孟获的态度。诸葛亮一面陪着观看，一面故意问孟获：“你看，这样威猛的军队你能打得赢吗？”孟获很不服气地说：“先前我是不知道虚实，所以被你用计打败。如果再给我一次机会的话，我一定能够打败你们。”诸葛亮听了他的话，笑了笑，很爽快地命人把他放了回去，还让他整军再战。孟获回去后集合好部众后，果然又来交战，但又战败被捉。诸葛亮见他还不服气，又放走了他。如此一捉一放，前后一共进行了七次。孟获逐渐认识到诸葛亮不但智谋高超，且并不存心与他们“夷人”为敌。他手下的“夷人”也逐渐明白了真相，不愿再打下去了。当最后诸葛亮又要放他走时，孟获心悦诚服地跪倒在地对他说：“公，天威也，南人不再反叛您了！”这就是历史上著名的七擒七纵孟获。随后，诸葛亮相继平定了南中其他地方，一直打到南边的滇池（今云南晋宁东）。每平定一处，诸葛亮都保留了原有少数民族的部落组织，仍旧任命原来的酋长为首领，对一些有影响力的少数民族上层人物，还授予高官。而且诸葛亮的军队纪律严

明，严禁烧杀抢掠，注意搞好同当地少数民族的关系。就这样，诸葛亮妥善地解决了蜀汉政权和南中地区的关系。诸葛亮班师回朝后，采取继续拉拢安抚的政策，因而没有留驻大批军队。不仅如此，诸葛亮为了改变南中地区的落后面貌，还派人在那里推广汉族地区先进的农业生产技术，大力提倡兴修水利，发展生产，使南中逐渐发展成为蜀汉政权一个比较稳定的后方和财政收入的来源地。那里的金、银、丹漆、耕牛、战马以及其他物资被大量地运出，补充了蜀汉政权的财政和军事需要。蜀汉政权更从南中征得了大批优秀士兵，补充了士兵数量的不足。诸葛亮在世时，南中地区一直比较安定，这与诸葛亮善于调整民族之间的关系是分不开的。

南中平定后，蜀汉解除了后顾之忧。诸葛亮于是得以集中精力，开始准备大举北伐。北伐曹魏，统一中国，是诸葛亮《隆中对》中的既定目标。丢失荆州后，两路出兵北伐的条件已不具备，但诸葛亮并没有放弃北伐的计划。这时北伐，已经失去了原先统一曹魏的意义，只是起了以攻为守的作用。公元 226 年，魏文帝曹丕病死，其子曹叡即位。消息传来，诸葛亮认为这是进攻曹魏的一个好时机，于是在公元 227 年春领兵二十万进驻汉中，伺机北伐。随行的除了老将赵云、魏延、吴懿等外，还有年轻的参军马谡。临行前，诸葛亮虽然对朝政事务作了细致的调整安排，但他对此还是不放心，尤其是对庸碌无能的后主刘禅不放心，因此给刘禅上了一个奏章，这就是著名的《出师表》。《出师表》除了陈述北伐的目的，表明统一中原的壮志外，主要是劝说刘禅认清蜀汉在三国中所处的不利地位，希望他能励精图治，有所作为。实际上，它比较集中地反映了诸葛亮自己的政治和思想主张。诸葛亮希望这些思想和主张，能够在他北伐时得到贯彻执行。

公元228年春，诸葛亮用兵分两路、声东击西的战术正式北伐。由赵云、邓芝为疑军，进驻箕谷（今陕西褒城北），扬言要从斜谷（今陕西眉县南）攻打郿城（今陕西眉县北）；诸葛亮则亲率主力，向西北的祁山（今甘肃礼县东）方向进攻。曹魏的天水（今甘肃甘谷）、南安（今甘肃陇西）、安定（今甘肃镇原）三郡很快归附蜀军，天水将领姜维也向诸葛亮投降。诸葛亮的进攻，使整个魏国朝野震动。魏明帝曹叡亲自坐镇长安，一面派大将军曹真驰援郿县，防御赵云；一面派名将张郃领兵五万西拒诸葛亮。诸葛亮探知张郃率大军西来，立即派马谡扼守咽喉要地街亭（今甘肃秦安县）。马谡虽然从小就熟读兵法，能说会道，但一向缺乏实战经验，刘备在临终时就曾对诸葛亮说：“马谡言过其实，不能大用。”但诸葛亮一直很重视马谡的兵法，对刘备的批评不以为然，仍然经常同他谈论兵法，有时竟然通宵达旦，所以这次出征，诸葛亮就让马谡做了北伐的先锋。马谡到街亭后，自认为自己熟悉兵法，既不遵守诸葛亮的部署，又不听取副将王平的建议，反而弃城不守，舍水上山。张郃一看如此情形，立即切断水源进行围攻。蜀军因为缺水，饥渴难忍，不攻自乱，张郃乘机攻打，结果蜀军大败，马谡狼狈逃走。街亭的失守，使蜀军丢掉了有利的进

陶屋模型

攻据点和形势。与此同时，赵云、邓芝也是出师不利。诸葛亮见整个战略部署被打乱，不宜再战，只好放弃了已经到手的陇西三郡，退回汉中。第一次出兵祁山，就这样失败了。诸葛亮回到汉中后，忍痛处死了违反军令、导致战争失败的马谡。诸葛亮认为自己错用马谡也有责任，于是自贬三等。但诸葛亮并不甘心这次北伐的失败，而是抓紧练兵存粮，准备新的北伐。

公元 228 年冬，曹休被东吴的大将陆逊打败，魏军主力东下增援，诸葛亮于是乘机再次北伐。蜀军兵出散关（今陕西宝鸡市），包围了陈仓（宝鸡东）。陈仓地势险要，易守难攻，曹魏守将郝昭率领一千多名守军拼死防守，蜀军进攻了二十多天也没能攻下。眼看魏军援兵来临，自身粮食也快没了，诸葛亮只好再次无功而还。

公元 229 年春，诸葛亮第三次北伐。蜀军首先攻取了武都（今甘肃成县）、阴平（今甘肃文县）二郡，诸葛亮留下兵马驻守后，自己回到汉中。公元 231 年春，诸葛亮经过两年的准备开始第四次北伐，包围了祁山。这一次，诸葛亮为解决粮食运输的问题，使用了叫做“木牛”的独轮小车，准备与魏军进行长期作战。魏明帝将足智多谋的司马懿从荆州调来，抵抗蜀军。司马懿知道蜀军远道而来，而且粮食有限，于是故意避开蜀军的主力，凭险坚守不出。诸葛亮急于决战，百般刺激司马懿，但司马懿就是拒不出战。双方相持一个多月，蜀军虽然取得了一些局部战斗的胜利，却一直未能与魏军主力决战。这时，蜀军的粮食运输又出现了问题，于是诸葛亮又一次不得不退兵。

公元 234 年春，诸葛亮率领十万大军，出斜谷口，开始了第五次也是最后一次的北伐。这次北伐，诸葛亮准备了三年时间。他不仅设计了称为“流马”的运输工具，而且还与孙权约定同时

举兵伐魏。诸葛亮这次在渭水南岸的五丈原（今陕西岐山县）安营扎寨，再次与司马懿率领的魏军对峙。为了解决粮食问题，以便进行长期作战，诸葛亮一到渭水前线，就分兵屯田。司马懿仍然采取坚壁拒守的对策，不与蜀军交战。两军在五丈原相持了一百多天，诸葛亮想尽办法挑动司马懿出战，司马懿就是不为所动。一次，诸葛亮甚至让人送给司马懿一套女人的衣服，想用羞辱的办法来激怒他出战，也没有成功。这时，出兵与诸葛亮呼应的孙权因为出师不利，退回江南。诸葛亮不由得开始担心起来，生怕曹魏援军的到来。到这年的八月，诸葛亮由于积劳成疾，一病不起，不久就病死在五丈原军中，终年五十四岁。诸葛亮死后，军中大将姜维和杨仪依照诸葛亮生前的部署，先是秘不发丧，整顿军队从容不迫地撤退。司马懿闻讯来追，杨仪便作出要反击的态势，司马懿担心这是诸葛亮的计谋，不敢再追。蜀军于是从容地进入斜谷。诸葛亮北伐曹魏的战争，就这样结束了。

诸葛亮的北伐，虽然一直没有取得什么大的成绩，让人看起来反而有穷兵黩武之嫌。但从当时蜀汉偏居益州一隅的情势来看，诸葛亮的北伐却又是必要的。诸葛亮凭借益州与土地四倍于己、人口五倍于己的曹魏相抗衡，且一直没有落下风，可见他的以攻为守的战略是正确的，也说明了他个人卓越的政治军事才能，他那鞠躬尽瘁、死而后已的精神更是值得我们敬重和钦佩。

点 评

《三国演义》的广泛流传，使得大多数人对于三国中蜀汉的历史都已比较熟悉。三国的历史也是英雄建功立业、大显身手

的年代，从刘备年轻时颠沛流离、四处寄人篱下，到后来开创蜀汉一代伟业，天所谓大器晚成！蜀汉可以说是三国之中国力最小、疆域最小的一个，诸葛亮为了蜀汉可以说是鞠躬尽瘁，努力维持着蜀汉与曹魏、东吴的抗衡、周旋，最后病死在军营中。只可惜后主刘禅太过无能，蜀汉很快就在他手中败落，自己也做了亡国之君，成为三国之中最先被灭的一个。让后人不禁感叹，如果当初诸葛亮真的听从了刘备的话，取代了刘禅自立，那么三国的历史就真的会改变吧？我们更不知道刘备临终所说的话，是真心话，还是一种试探。诸葛亮真的是为了做臣子的气节而不愿取代刘禅还是揣摩透了帝王心理？我们无法知道当时真正的历史情形，所以无法作出判断。真相被埋没在浩瀚的历史长河之中，希望大家能够去探索、去研究。

相关链接

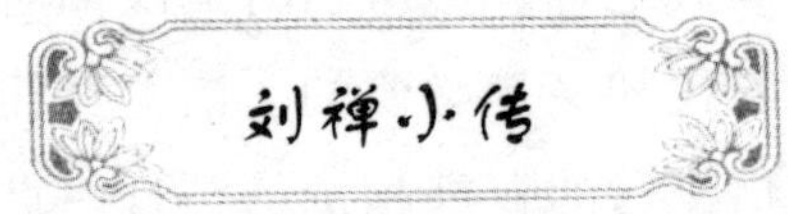

刘禅小传

刘禅，小名阿斗，刘备之子，刘备于公元223年四月病死，他于同年五月继位，改年号为“建兴”，人称后主。

起初，刘禅主要依靠诸葛亮治理国政。之后几次出兵北伐，攻打魏国，均无功而返。自诸葛亮死后，蒋琬和费祎辅政，他们遵行诸葛亮的既定方针，团结内部，又不轻易用兵，曾一度使蜀国维持着比较稳定的局面。蒋琬、费祎之后，姜维执政，多次对魏用兵无功，消耗了国力。而刘禅自诸葛亮死后，更加昏庸无道，贪图享乐，不理朝政，宦官黄皓乘机取宠弄权，结党营私，

朝政日非，就连老臣姜维也因怕被害，自请到沓中(今甘肃舟曲西北)种麦以避祸。至此，蜀国的基础已经大大动摇，开始日渐衰落。公元263年，魏国分三路进攻蜀汉，魏将邓艾抄小路攻入蜀中，刘禅派诸葛亮之子诸葛瞻阻击邓艾。诸葛瞻奋勇在绵竹抵抗魏军，直至战死，魏军进而逼近成都。这时，姜维率领的蜀军主力还在剑阁驻守，回援已经来不及了。刘禅本身无道，一听敌军逼近，慌作一团，不知所措，急忙召集大臣商议。有人建议后主逃向南中地区（今四川南部及云、贵部分地区），但那里情况复杂，少数民族聚居，能否站稳还没有把握；有人建议东投孙吴，但孙吴也日渐衰弱，自身难保，恐不肯接受。光禄大夫谯周力主降魏，刘禅竟采纳降魏的建议，将自己双手反绑，出城投降邓艾，并根据邓艾的命令，下令蜀军全部投降。蜀汉灭亡。

刘禅投降后，被送到洛阳。司马昭封他为安乐公，赐住宅，月给用度，僮婢百人。刘禅为表感谢，特意登门致谢，司马昭于是设宴款待，并以歌舞助兴。当演奏到蜀地乐曲时，蜀旧臣们油然涌起国破家亡的伤怀之情，个个泪流满面。而刘禅却麻木不仁、嬉笑自若。司马昭见状，便问刘禅："你思念蜀吗?"刘禅答道："这个地方很快乐，我不思念蜀。"他的旧臣郤正闻听此言，连忙找个机会悄悄对他说："陛下，等会儿若司马昭再问您，您就哭着回答：'先人坟墓，远在蜀地，我没有一天不想念啊!'这样，司马昭就能让陛下回蜀了。"刘禅听后，牢记在心。酒至半酣，司马昭果然又发问，刘禅赶忙把郤正教他的话学了一遍，只是欲哭无泪。司马昭听了，说："咦，这话怎么像是郤正说的?"刘禅惊奇道："你说的一点不错呀!"司马昭及左右大臣全笑开了。

后来人们常把乐而忘返或乐而忘本，无故国故土之思，称作"乐不思蜀"。

诸葛亮小传

诸葛亮(181～234年)，汉族，字孔明，号卧龙居士，出生在山东沂南县，三国时期蜀汉杰出的政治家、军事家、战略家、散文家、外交家。史书记载他身高八尺，约合现今1.84米。

诸葛亮生于汉灵帝光和四年(181年)，诸葛氏是当地的望族，先祖诸葛丰曾在西汉汉元帝时期做过司隶校尉(卫戍京师的长官)。诸葛亮父亲诸葛珪，也曾在东汉末年做过泰山郡丞。一种说法是诸葛亮三岁时母亲张氏病逝，八岁丧父；另一种说法是其九岁丧母，十二岁丧父。他与姐姐以及弟弟诸葛均一起跟随叔父诸葛玄生活，后来诸葛玄被袁术任命为豫章太守。东汉时期，朝廷派朱皓取代了诸葛玄的职务，诸葛玄就去投奔老朋友荆州牧刘表。

到了建安二年(197年)，诸葛玄病逝。诸葛亮和姐弟从此失去了生活上的依靠，后来移居南阳。诸葛亮在隆中隐居了十年，在这期间，他广交江南名士，“每自比于管仲、乐毅”，爱唱《梁父吟》。他的智谋为大家所公认，有匡天下之志。虽然他隐居于山林，但他密切注意时局的发展，所以对天下形势了如指掌。人称“卧龙”。

建安十二年(207年)，也就是诸葛亮二十七岁时，刘备三顾茅庐，会见诸葛亮，问他统一天下之大计。诸葛亮精辟地分析了当时的形势，提出了首先夺取荆、益作为根据地，对内改革政治，对外联合孙权，南抚夷越，西和诸戎，等待时机，两路出兵北伐，从而统一全国的战略思想。这次谈话即是著名的“隆中对”。刘备听了诸葛亮的分析之后，豁然开朗，对自己的前途有了更加明确

的认识。同时也使他认识到诸葛亮是难得的人才，于是恳切地请诸葛亮出山，帮助他完成兴复汉室的大业。诸葛亮出山后，联孙抗曹，赤壁之战大败曹军。帮助刘备稳固政权，形成三国三足鼎立之势。公元 221 年，刘备在成都建立蜀汉政权，诸葛亮被任命为丞相，主持朝政。

章武三年(223 年)春，刘备在永安病逝，蜀汉后主刘禅继位，诸葛亮被封为武乡侯，领益州牧。由于刘禅无能，所以当时全国的军、政、财，事无大小，皆由诸葛亮决定，赏罚严明。对外与东吴联盟，对内改善和西南各族的关系，实行屯田，加强战备。

诸葛亮尊王而不攘夷，进兵南中，和抚夷越，在三国中执行了最好的民族政策。诸葛亮以“鞠躬尽瘁，死而后已”的精神成为后世的楷模。历史上将诸葛亮描绘成智慧的化身，其传奇性故事为世人传诵。

诸葛亮的主要著作有：《出师表》、《诫子书》。

第六章
盘卧江东——谈东吴政权的发展

一、赤壁战后，周瑜的乘势扩张

赤壁一战，东吴大胜，周瑜也一战成名，因而开始名传天下。周瑜于是乘胜追击，率领几万人马攻打南郡。

周瑜到达南郡后，便令数万大军围攻江陵城。由于江陵城内粮草充足，再加上守将曹仁防守严密，周瑜一直未能取得胜利。周瑜为了分散并消耗曹仁的兵力，于是派甘宁西上攻取夷陵（今湖北宜都）。甘宁一战成功，曹仁不得已分兵，企图以五六千众夺回夷陵。周瑜采纳吕蒙的建议，只留下少部分人继续围困江陵，自己则亲率大军去援救甘宁。周瑜在行军的中途，突然发现从江陵到夷陵之间有一处险要的必经之路。于是他派出三百多人，用砍伐的树木把这条必经的险道给堵上。当周瑜赶到夷陵后，就很快与曹仁在城下激战起来，曹军抵挡不住，军队被消灭了一半以上。曹仁一看实在抵挡不住周瑜的攻势，又恐怕江陵有失，于是连夜撤往江陵。但当曹军行至那条险道时，发现自己已经陷入困境：前面有树木挡路，后面周瑜更是穷追不舍。为了逃命，曹仁只好下令丢掉马匹，步行越过路障，就这样狼狈地逃回了江陵。仅这一夜，周瑜就截获曹军战马三百多匹。不久，周瑜在长江北岸建起营垒，准备长期围攻曹仁。此后的一年多时间

里，两军一直在江陵对峙。双方多次进行较量，各有胜负。曹仁逐渐抵挡不住周瑜的优势兵力，伤亡增多，兵力开始出现严重不足，情势日渐窘迫。曹操看到这种情况后，只好下令襄阳的守军接应曹仁撤出江陵，东吴军队终于攻取了这个战略要地，把曹操势力赶出了荆州。周瑜则被任命为南郡太守镇守江陵。

曹操的势力北退之后，刘备也乘势占据武陵、长沙、桂阳、零陵四郡。同时为了巩固同江东的联盟，迎娶了孙权的妹妹，两家结上了姻亲，并向孙权提出借南郡的要求。在借还是不借南郡的问题上，江东政权的内部存在分歧。周瑜不但不同意借南郡予刘备，而且更是主张应把刘备软禁在江东不放。但孙权考虑到曹操的威胁仍然存在，江东还是需要孙、刘的联盟来对抗曹操，况且他觉得刘备也不是个送个美女就能上钩的人，所以没有听取周瑜的建议。

建安十五年（210 年）十二月，周瑜去京口（今江苏镇江）面见孙权，进一步提出准备夺取益州的计划。益州处于荆州的上游，也就是现在的四川省地区。这里不但地势险要，易守难攻，而且沃野千里，稻香鱼肥，素有“天府之国”的称号。然而割据益州的刘璋却软弱无能，政权内部矛盾重重，实

周瑜墓

力比较弱小。而且占据汉中一带的张鲁又屡次与刘璋发生战争。周瑜认为，赤壁之战后曹操元气大伤，至今还没有复原，况且他又有心腹之患，不敢轻易举兵南下。益州现在局势不稳，正好乘机攻取。占领益州后再进一步消灭张鲁势力，这样就可与反曹的马超结盟，形成一个反曹的包围圈。他认为如果这个计划能够实现，消灭曹操，统一北方是可以办到的。孙权接受了这个建议后，周瑜立即起程返回江陵，开始作攻取益州的军事准备。但是，当周瑜走到巴丘的时候，突然身染重病，不幸去世。临终前，他上书给孙权，首先便推荐鲁肃接替自己的职务，接着就劝诫孙权除要防备北方的曹操外，还要警惕占据荆州的刘备。这一年，周瑜才三十五岁。

周瑜对东吴的发展起到了极其重要的作用，赤壁一战不仅打击了曹操企图南侵的野心，更是为东吴在战后迅速扩张领土立下了汗马功劳，他的功勋是不可磨灭的。

二、孙权审时度势，建立东吴政权

三国的历史也可以说是一部外交史，军事上的行动是为了辅助外交。孙权就充分发挥了自己的外交优势，在曹魏和蜀汉间根据不断发展的形势而调整自己的外交政策。东吴的立国方针是立足江东，面向全国，等有机会了再想着怎么进取，这也是孙权所遵守的，成为他外交政策的基本原则。

在赤壁之战时期，孙权为了自保，于是就出现了孙、刘两家联合抗曹火烧赤壁，把曹操的势力赶回了北方。但在襄樊之战和夷陵之战时期，东吴由于处于长江下游，孙权为了取得荆州解除上游对自己的军事威胁，就与曹魏联合起来夺取荆州。尤其是在夷陵之战中，面对蜀汉倾国的兵力报复，自己的军事压力很大，孙权为了对抗蜀汉，不惜向曹魏称臣纳贡，以取得一个比较稳定的后方。此后，蜀汉的势力收缩到益州，对吴已经不再构成威胁，曹魏反而成为吴的唯一大敌。在这种情况下，孙权又转过头来与蜀汉开始长期联盟，甚至当东吴的大臣都谣传蜀想背弃盟约时，孙权还一直认为这是绝不可能的，并说“我对各位担保不会使大家家庭破落，也就是不会有战争”。可见在后期，孙权与蜀联合的态度是很坚决并且积极的。孙权通过再一次的与蜀联合，

不仅使他最后顺利地当上了皇帝，而且也有效地抵抗了魏的军事进攻。从中我们可以看出，孙权每次都能审时度势，随着事态的发展而不断地调整外交策略，于是他从联蜀抗魏或联魏抗蜀中得到了很多实际利益，表现了他对立国方针的灵活运用。在魏、蜀、吴三国中，由于魏的力量是最为强大的，从长远来看，吴、蜀联合抗魏是一种客观的必然趋势，虽然也不排斥在个别时期吴、蜀之间的矛盾会激化，但孙权在这个问题上看得较透彻，处理得也比较好，这也是孙权能在江南建立一个稳固政权的很重要的因素。

孙权审时度势的本领在称帝这个问题上，更是发挥到了极致。公元220年，曹丕废汉献帝自立，建国号为魏。第二年也就是公元221年，刘备也在群臣的劝说下登基称帝，建立了蜀汉政权。而此时在江东的孙权虽然也具备了做皇帝的实力和野心，但却没有这样做，仍然称吴王，而直到公元229年才登基称帝，在身份上才与曹魏、西蜀相平。在当时，曹魏、西蜀纷纷称帝，孙权为何无动于衷？他手下的臣子们肯

孙权像

定也劝过他了，但孙权依旧没有称帝，正是因为他能审时度势，知道自己当时不适合称帝，反正也就是个名号问题，对自己的权利地位并没有太大的影响。首先他考虑到自己在大义上是站不住脚的。曹操和曹丕是“挟天子以令诸侯”，干什么都是打着汉献帝的招牌，名正言顺，而且当曹丕具备称帝的条件后，只要对外导演一场禅让的戏就可以了。刘备是“帝室贵胄”，虽然到他这儿血缘上已经是比较淡了，但也是有兴灭继绝的称帝资格的，所以在当曹丕废了汉献帝以后，刘备就可以立即宣布自己是汉室的合法继承人，从而登上皇帝的宝座。这种政治凭借在当时是重要的，但东吴却没有，孙权如果也乘这股风称帝的话，不仅会招来世人的谩骂，而且有可能会让魏和西蜀有借口对自己发难。更重要的是当时吴、蜀两国同盟关系已经破裂，而且双方正处于战争关系中，为了防止曹魏不在自己背后来一刀，孙权马上献书进表、纳贡称臣，根本不敢提要称帝的事。等到东吴与蜀汉又恢复联盟关系后，孙权就不再惧怕曹魏的军事威胁了，慢慢地就想登基称帝了。于是他先向自己的盟友蜀汉表达了自己的意向，希望蜀汉能承认自己的政权。蜀国内部一片反对之声，但诸葛亮却很支持，认为现在承不承认已经没有什么意义了，不承认的话会妨碍两国的关系；承认的话就可以很好地维持双方目前友好的关系，关键时刻还能有所帮助。于是，孙权称帝得到了西蜀的支持，至于曹魏根本就连问的意思都没有。就这样，孙权终于在公元 229 年登基称帝，国号为吴。

三、孙权对江南地区经济发展作出的贡献

在三国以前，江南经济虽然也有进步，但仍旧相当落后。这其中有很多原因，主要是长期以来，黄河流域一直是中国的政治经济中心，因此北方的中央政权对于江南的经济不够重视。而东吴政权是在江南建立的第一个强大的政权，它的规模和实力要远超秦以前的吴、越、楚，而且足以和北方的曹魏、西南的蜀汉相抗衡。最主要的是任何政权要想维持这个局势，都需要相应的人力、物力、技术和经济条件，因此需要加大对江南的开发。从东吴开始到六朝时期，落后的江南一直成为与北方相对抗的政治舞台，它的经济获得了巨大的发展。孙权最大的历史功绩，就是他在开发江南经济上作出的卓越贡献。

（一）推行屯田

为了开发江南经济，孙权的第一个有力措施，就是仿照曹操推行屯田制度。东吴的屯田开始于建安七年，一直推行到吴灭亡时，历时七十多年。与曹魏一样，东吴的屯田制也分为军屯和民屯两类。屯田大概分布在今天的江苏、浙江、安徽、江西等地区，范围十分广泛。这些屯田基地有些是在与曹魏军事对抗的邻

近地带，有些则是在孙吴的腹地。而且东吴的屯田规模也是很可观的，少的有几千家，多的有近万家在屯田。同时为了配合屯田生产，东吴也很重视水利灌溉，而且还规模引入北方的牛耕技术。实际上早在汉代，江南就已经开始用牛耕，但到南朝时才开始普及，中间由不普及到普及的转变，与东吴大力推行牛耕的举措是分不开的。东吴广泛推行屯田，重视水利灌溉，又普遍利用牛力，对江南经济的开发起到了巨大的促进作用。

三国·木牛（模型）

（二）征讨山越

东汉末年，在今天的江苏、安徽、浙江、江西、福建等省的山岭地区，散居着许多的山越人。经过长期的发展，大部分山越人已被汉化，而且在他们的聚居区也迁进了不少逃亡的汉人，所以山越与先秦时期作为一个种族实体的越族已经不相同了，他们与汉族其实已经没有多大区别了。东汉末年，随着州郡和豪强武装的崛起，山越在那些大族的领导下，也建立起许多拒绝向政府服役纳税的割据王国。这些割据王国大多坐落在山区，规模小一点的大概有几千人，大一点的有数万人，其力量不容小视。东吴政权建立后，为了与魏、蜀相抗衡，需要广开兵源和税源，但江南向来人口稀少，所以孙权就把目光投向了这些已经汉化的山越

人，开始对各地的山越展开长期的征讨。孙权对被征服的山越人，采取了“强者为兵，弱者补户”的政策。所谓“弱者补户”，就是把被征服的山越的老弱、妇女编为国家的自耕农和民屯上的生产者。经过长时间的讨伐，东吴从征讨山越中得到了大量的人口。据史载，仅补充进军队的就有十多万人。越来越多的山越人离开山里，进入平原，东吴因此而又设置了几个郡县。虽然这些山越人要受东吴的统治，不仅要纳税还要服徭役，受到的剥削和压迫比较重，但他们的居住条件得到了改善，而且和汉族进一步融合，使他们的生产技能和文化水平进一步提高，这对江南的开发有着重大意义。

青瓷羊尊

（三）发展交通和手工业生产

在吴国的经济中，水上交通和若干手工业部门的发展也是引人注目的。由于东吴地处江南，河流湖泊比较多，为了水运和作战的需要，孙权很重视造船业的发展。当时最大的造船基地在建安郡的侯官（今福建福州市），东吴在此地设典船都尉，把许多犯罪分子发配到这里造船。武昌的官府造船业也很兴盛，这里所造的战舰，最大的能容纳士兵三千人。东吴的船队很是庞大，孙权就曾经派万人船队向北到达辽东，向南到达台湾、海南岛，为我国航海事业的发展作出重大的贡献。在吴亡国时，西晋从吴接收的舟船就有五千多艘。这一切都说明吴国已经具备极强

的造船能力。吴国的纺织业和冶铸业的发展也较显著。当时江南盛产麻布、葛布，天下闻名，就连曹丕也曾派人向吴求精细的葛布，可见江南所产布、葛的质量在全国也是一流水平。江南的纺织业原本是很落后的，从吴时才开始发展起来，但发展速度很快，诸暨、永安生产的丝因质量优异，而被列为贡品，称“御丝”。孙权还在后宫设立织络厂，起初在此工作的人还不满百人，等到孙皓时就已经发展到上千人，专为统治者生产高级的丝织品。

吴国最大的冶铸基地是在建业和武昌。建业的石城门外有个专门冶炼的城池，以后这里也一直成为东晋南朝的冶铸中心。孙权曾在公元 225 年开采武昌山的铜铁，制作了数量巨大的刀和剑，可见武昌有生产能力巨大的冶铸作坊。这说明吴的冶铁十分普遍，为以后南朝冶铁业的发展奠定了基础。

此外，孙权还派人把岭南重新纳入了政权的统治范围，并对岭南经济的开发作出了重大的贡献。孙权的这些贡献对我国经济格局的发展有重大的意义，我国正是从三国两晋南北朝开始，大规模开发江南经济，使长江流域的经济逐渐赶上并在最后超越黄河流域的经济。孙权在当时对江南经济发展作出的贡献则为这个转变奠定了坚实的基础。

四、孙权后期，东吴的政治衰变

孙权在当政的前期，许多事情还能明断是非，处置得比较适当，让人觉得他是个有所作为的君主。但到了晚年，他却开始猜忌、怀疑手下，生性残暴的一面开始显露出来，而且有愈演愈烈之势，使东吴的政治开始逐渐衰败下来。其中以偏信奸臣吕壹、不恰当地处理孙和与孙霸之争两件大事上尤为突出，后果和影响也最大。

吕壹本为中书校事，专门负责查看和校对各级部门和政府的文书，但实际上却是孙权的耳目，专门监视百官并对官员进行侦查、告密，很得孙权的信任。吕壹也因大权在握而作威作福，经常陷害忠良、打击政敌。丞相顾雍和江夏太守刁嘉都因遭到吕壹的诬陷，前者几乎被罢官，后者几乎被杀。太子孙登多次向孙权劝谏，孙权不听，官员们也是敢怒而不敢言。可没过多久，吕壹又对左将军朱据进行陷害，结果事情败露，孙权不想引起军队将领的反感，于是就把吕壹给诛杀了。事后，孙权派中书郎袁礼前往看望各位将领，并征求他们对政事的意见，诸葛瑾、步骘、朱然、吕岱等都借口不管政事而闭口不言，要袁礼去问陆逊、潘濬两人。陆、潘则只说了些不着边际的话，不肯深入地谈对政事的

看法，可见东吴的大臣们都已对孙权的猜忌存有了戒心。

在孙权建国之初，就立长子孙登为太子，孙登死后，又立孙和为太子，并封孙和的同母弟孙霸为鲁王。孙权在表面上是对二子同样宠爱，实际上则偏爱孙霸。孙霸被封为鲁王后，孙权仍然让他与太子孙和共同居住在一起，而且待遇也是完全一样。最后是因为有大臣进谏，认为太子和鲁王应上下有序，礼数应当不同，孙权才使孙和、孙霸分宫，并给每个人都安置了僚属。孙霸对自己不是太子当然不服气，于是到处拉拢势力，想谋夺太子地位；孙和当然不会坐以待毙，也积极反抗。两派势力的发展，造成东吴统治集团的大分裂。孙霸一党多次向孙权诬告孙和，因此孙权对太子是越看越不顺眼。大臣陆逊、顾谭等人是支持太子的，由于为太子辩护，顾谭和他的弟弟顾承被流放到交州，孙权还数次派宦官责问陆逊，陆逊最后也是愤愤而死。就两派来说，孙和是受害者，这一点孙权后来也逐渐意识到了。但孙权并没有采取正确的对策，而是采取了不管好坏、统统打击的蛮干做法来解决这个问题。公元250年，孙权废太子孙和为庶人，并流徙到丹阳的故鄣。反对孙权废太子的陈正、陈象遭到灭族，朱据、屈晃被各打了一百杖。同时，孙权又把鲁王孙霸赐死，鲁王的党羽杨竺、全寄、吴安、孙奇等人也被诛杀。在这次事件中，孙权制造了大批的冤案，进一步加深了统治阶级的内部矛盾，使东吴政局的发展受到了很大影响，变得更加不稳定。这次事件之后，孙权立年仅十岁的孙亮为太子。

为什么孙权在年轻时对大臣能够坦诚相待、推心置腹，到晚年就百般猜忌，甚至还不惜高举屠刀大加横杀呢？除了孙权晚年专制主义作风恶性发展所造成的结果外，最主要的就是与孙吴时期世家大族势力的急剧膨胀有很大关系。在东吴的立国之初，孙

权为了笼络那些大族，实行世袭领兵制度和复客制度，而且又不时把大量土地赏赐给他们，并且还让他们不用交税服役。孙吴的将领大多都是出身大族，经孙权这样的用心扶植后，拥有的土地和劳动力人口越来越多，势力急剧膨胀。世家大族虽然是东吴政权的统治基础，但是它也是中央集权的离心力量，因为大族势力越发展，国家的兵源、税源就越少，国家的控制力也就越弱，这也是历代中央集权与地方大族产生矛盾的根源。而到了东吴后期，孙权对大臣的猜忌，甚至屠杀，在相当大程度上就是这种矛盾的反映。

其实，从东汉开始，世家大族势力开始出现，到三国时期已经有了很大的发展，这与当时统治者的扶持是分不开的。但在怎样调节大族与中央政权关系这个问题上，曹操和诸葛亮做得都要比孙权好，孙权的才干我们是无法质疑的，但说起治国才能，孙权是不及这两人的。但孙权的长时间在位，使他那拙劣的治国才能逐渐暴露出来，于是江东大族与皇权开始出现激烈的矛盾，造成了东吴政权的动荡，并为它的灭亡埋下了伏笔。

点 评

东吴是建立在江南的一个政权，最后与曹魏、蜀汉并列成鼎足之势。现在人们想想也许认为这是理所当然的，但在当时是很让人吃惊的一件事情。曹魏的实力最为强大，它占据着中国最发达的黄河流域，这里有好几千年的历史，向来是中国的政治和经济中心。蜀汉则是占据益州，也就是号称“天府之国”的四川盆地，周围是崇山峻岭，自古就是易守难攻。而在当时的江南可以说是很落后的，人口少，大量土地还没有开垦，并

且分布有在当时人认为是野蛮民族的山越人，而且向来不受北方中央统治者所重视，除了长江天险，基本是一马平川。但是东吴硬是排除了这些不利因素与曹魏和蜀汉形成了三足鼎立之势，而且为了增强自己的实力，吴国开始对我国南方进行大规模的开发，对长江流域经济的发展作出了重要的贡献，为后来我国经济重心的南移奠定了基础。在三国中，东吴的外交经常摇摆不定，徘徊在曹魏与蜀汉间，这其实也是东吴出于对它的政治经济实力和地理位置的无奈！

相关链接

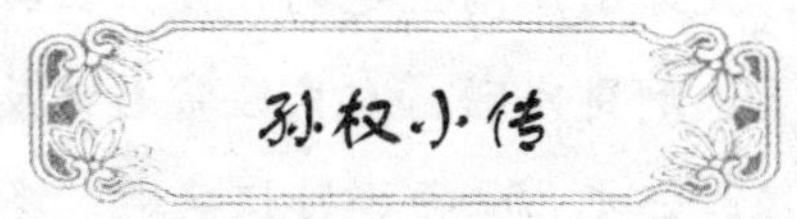

孙权小传

孙权(182～252 年)，字仲谋，吴郡富春县(今浙江富阳)人，吴大帝，三国时吴国的开国皇帝。

孙权生于光和五年(182 年)，卒于太元二年(252 年)。孙权幼年跟随长兄孙策平定江东，十五岁时被举为孝廉、秀才，任阳羡(今宜兴)长，代行奉义校尉。孙策英年早逝，临死之前对孙权说："内事不决问张昭，外事不决问周瑜。"孙权继位为江东之主。

公元 208 年，孙权起兵西进，收复甘宁，围剿灭了黄祖。就在这一年，曹操南下，刘备被曹操打败，曹操占据了荆襄之后给孙权下战书说"要取下东吴"。听到这个消息后，东吴内部分为主战、主和两派，主战以鲁肃为首，主和以张昭为首。此时，周瑜及时返回，说明战有望获胜。孙权相信周瑜的判断，以其为主

帅，出兵三江口，与曹操决战。这便是历史上有名的赤壁之战。

赤壁之战后，孙权为联合刘备，将其妹孙仁嫁给刘备。后又从鲁肃之计，将荆州借给刘备。后刘备取川成功，孙权让刘备归还荆州，刘备推托此事，不愿归还。之后，孙权与曹操秘密结成了魏、吴同盟。

之后，孙权在曹操的策应下，撼动了蜀汉的根基，杀了刘备的大将关羽，又在双方交战时“火烧连营”。公元223年，刘备病逝，诸葛亮为了北伐，派邓芝过江讲和。孙权与蜀汉和睦，共伐曹魏。

孙权称帝后曾派将军卫温等大规模出海，以加强对夷州(今台湾)的联系。在农业方面，还设置了农官，实行屯田；并在山越地区设立郡县，促进了江南土地的开发。但孙权称帝后日益骄奢独断且赋役繁重，刑罚残酷，人民经常起义反抗，为日后的吴宫政变埋下了祸根。公元252年，孙权病逝，终年七十一岁。

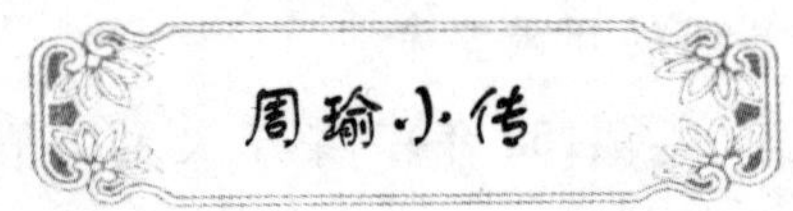

周瑜小传

周瑜(175～210年)，字公瑾，庐江舒县(今安徽庐江西南)人，三国时期吴国将领，杰出的军事家，美姿容，精音律，多谋善断，人称周郎。在公元208年赤壁之战中大败曹军，奠定三分天下基础。后图进中原，不幸早逝。

周瑜出身士族，堂祖父周景、堂叔周忠皆为东汉太尉。其父亲周异，曾任洛阳令。周瑜高大英俊，“瑜长壮有姿貌”(《三国志·吴书·周瑜鲁肃吕蒙传》)，且志向远大，自幼刻苦读书，尤喜兵法。他生逢乱世，时局不靖，烽火连绵，战端四

起，于是总想廓清天下。

周瑜自幼与孙策交好，孙策初崛起时周瑜随之扫荡江东，并送钱粮物资助孙策成就大事。当年孙坚兵讨董卓时，家小移居舒县。孙策和周瑜同岁，交往甚密。周瑜让出路南的大宅院供孙家居住，且登堂拜见孙策的母亲，两家有无通共。周瑜和孙策在此广交江南名士，很有声誉。

孙策遇刺身亡后，周瑜与张昭一起辅佐孙权，执掌军政大事。曹操消灭袁绍后，威逼孙权送儿子为人质，周瑜志向高远，劝阻孙权送人质。赤壁大战之时，东吴内部发生分歧，而周瑜力主抗曹，并分析了曹军的诸多不利因素，指挥全军在赤壁、乌林大败曹军，这也是三国时期最经典的以少胜多的战役。之后，他又成功地攻克了荆州战略要地南郡，曹仁败走。赤壁之战后，周瑜向孙权建议出兵攻取蜀地，消灭张鲁，吞并刘璋，与曹操二分天下，但周瑜在江陵进行军事准备时死于巴陵，时年三十六岁。

历史上的周瑜胸襟广阔，气度宽宏。老将程普因周瑜年轻，对他不服，多次当面侮辱他，但周瑜都不跟他计较。最后，程普被周瑜的才华和品德所折服，感动地说："与周公瑾交，若饮醇醪，不觉自醉。"并且和他成为好友。《三国演义》描写的心胸狭窄的周瑜是罗贯中为了衬托诸葛亮而刻意塑造的配角形象，是艺术处理，并不是真实的。所以说"三气周瑜"更是毫无历史根据，周瑜最后是病逝于出征途中的。

第七章
分久必合，天下一统

一、司马炎承祖志篡魏建晋

在高平陵政变后，司马懿杀死了曹爽及其亲信，开始控制曹魏的军政大权。此后，司马懿一面在官僚、士族之中培植自己的势力，一面用残酷的武力手段消灭曹魏王室的势力。公元251年，司马懿病死，司马炎的伯父司马师继续执掌朝政权柄。

司马师是司马懿的长子，他为人沉着坚强，且有雄才大略，与当时的名士夏侯玄、何晏齐名。在魏景初年间，封为散骑常侍，后又迁至做了中护军。曾与父亲司马懿谋划了诛杀曹爽的高平陵政变，后因功封长平乡侯，食邑千户，又加封为卫将军。司马懿死后，他继承了父亲的权位独揽朝政大权，继续控制着曹魏的政权。在其执政期间，他制定了详细的选拔官吏的法规，还下令让百官推荐有才能的人，并整顿朝政纲纪，让文武大臣们都各司其职，朝野上下一片肃然，提高了政府的办事效率。而且在东吴的辅政大臣诸葛恪大举进攻魏国时，他不慌不忙，临危不乱用计大败诸葛恪，使东吴的国力大损，并导致了诸葛恪在吴国的垮台。公元254年，魏帝曹芳与中书令李丰等人秘密谋划诛除司马师，但不幸事情泄露，李丰等人被司马师诛杀，司马师又迫使太后废掉魏帝曹芳，后扶植高贵乡公曹髦为皇帝。第二年，魏国再

次出现反对司马氏家族当权的叛乱，于是司马师亲自率军平定了这次叛乱，但在归途时却不幸染病，不久就去世了。

司马师去世后，他的弟弟司马昭继承了父兄的遗志，继续控制着曹魏的政权。司马昭执政期间，除了进一步清除朝野中的拥曹力量外，还派军队镇压了征东大将军诸葛诞制造的叛乱，就这样曹魏的政权更加司马化了，整个朝廷内外基本上都是司马昭的人。公元260年，司马昭授意党羽贾充、成济把不听话的魏帝曹髦杀死，而改立曹奂为新的傀儡皇帝。公元263年春，司马昭为了给自己增加政绩，于是出兵灭蜀,并且分成三路进攻蜀国。在攻灭蜀国后，司马昭的威望更高了，也加紧了废魏自立的准备工作。当年十月，他担任相国职务并且被封为晋公，接受“九锡”（古代帝王为尊崇礼遇有大功的臣下而赐予的车马、衣物、卫兵等物，共九项。在后世，受九锡已成为权臣篡位前的必要程序）。第二年七月，司马昭胁迫魏帝晋升他为晋王，同时命令党羽荀彧、贾充、裴秀分别主持制定礼仪、法律和官制，并在封国之内开始设置百官，他在各方面其实已经和帝王没什么两样了。

黄鹤楼

至此，司马氏代魏的条件已经完全成熟。可惜这时正准备称帝的司马昭却突然病死。于是，这个改朝换代的任务就交给了他的儿子司马炎来完成。

司马炎是司马昭的长子，按照中国传统的嫡长子继承制度，他即位本应没什么大的问题，但是他的世子权力却是来之不易。这是因为司马昭更为喜爱学识渊博而且很有才能的次子司马攸。司马昭将司马攸过继给自己的兄长司马师为子，表示天下是景王（司马师）打下来的，将来的王位自然也应该归属于司马攸。但司马炎不甘心于此，施展各种手段，极力拉拢、巴结父亲身边的重臣要员，通过他们为自己说好话，最后才终于在司马昭死前三个月正式被确立为世子。在取得世子名位的同时，魏帝就依照程序授予他为抚军大将军、开府、副贰相国等职。等到司马昭去世后，司马炎便顺利继位相国和晋王，开始总揽全国军政大权，不久就逼迫魏帝让位给他，曹奂屈从臣下的压力，不得以同意禅让帝位于晋王。公元 266 年一月，司马炎在满朝文武的“反复劝进”之下，正式即位，改国号为晋，改元泰始。退位的魏帝被司马炎封作陈留王，从洛阳迁徙至邺城，曹魏于是亡国。

从司马懿到司马炎三代人的努力，最终使曹魏的政权被司马氏所代替，曹魏、蜀汉先后被灭国，三国的历史到这里也终于走到了尽头。

二、奇兵入川，蜀汉二世而终

诸葛亮去世后，蜀汉由蒋琬和费祎辅政，他们遵行诸葛亮生前定下的政策方针，团结内部，但不轻易用兵，曾一度使蜀国维持着比较稳定的局面。但在蒋琬、费祎死后，姜维执政，又多次对魏用兵，消耗了国力。而且刘禅在诸葛亮死后更加昏庸无道，贪图享乐，不理朝政，宦官黄皓乘机专擅弄权，结党营私，朝政就这样一天天的衰败下去。连姜维也因怕被害，自请到沓中（今甘肃舟曲西北）屯田以避祸。这时的蜀国统治基础已大大动摇。

公元262年冬，司马昭看到蜀国朝政腐败、主将不和，后主刘禅更是昏庸无能，于是开始布置准备灭蜀。他认为姜维这样频繁地骚扰边陲，祸患无穷，而且长期的对外战争也使弱小的蜀国资源更加衰竭，百姓也疲惫不堪，灭蜀的条件已经成熟。但是朝中大臣大多认为这是不可行的，只有钟会表示赞同。司马昭拒绝了大臣们的劝谏，一心灭蜀，并根据双方力量对比和当地特殊的地理形势制订了详细的伐蜀计划：他认为蜀国总共有士兵九万人，除了防守成都与各地的四万人外，剩下的机动兵力不过五万人。现在如果以一部分兵力把姜维率领的大军羁绊在沓中，使他

无暇顾及；主力部队则直指骆谷，通过蜀军力量最薄弱的地带，奔袭汉中，这样就一定可以取得胜利。

公元263年五月，司马昭在一切准备妥当后，便下令分兵三路大举伐蜀，由邓艾率领三万多人从狄道出发，急速进军甘松、沓中，拖住姜维；由雍州刺史诸葛绪率领三万余人从祁山出发，占领武街、桥头，切断姜维的退路；再由钟会统领十万大军分别从斜谷、骆谷、子午谷向汉中挺进。大军出发前夕，有人就向司马昭进言："您派遣钟会率领十余万大军伐蜀，而他却没有亲属妻女留在洛阳为人质，还是派其他人吧。"司马昭笑着说："这种情况难道我不知道？如今蜀已经失去民心，成了天下的祸害，那里的老百姓已不能安心生产，征服它易如反掌，但大家都没认识到这一点。一个人如果还没有打仗就开始胆怯，就不会有智谋了；没有机智和勇敢却硬要他去打仗，就只会打败仗。而钟会和我的意见相同，派他伐蜀，一定可以成功，你说我不派他派谁呢？至于灭蜀之后，即使发生你所忧虑的那种情况，但他又能有什么作为？如果他想谋反，没有人会支持他的，蜀汉的将军、官吏早已吓破了胆，成不了气候；中原将士由于思念亲人，都想早点回家团聚，是不会跟随他的，因此他这样做只能自取灭亡。你不用犯愁，但千万也不要再跟别人乱说这种话。"

在邓艾牵制了姜维军队的同时，钟会也急速向汉中进兵。当行进到崇山峻岭的秦岭山区时，由于这里重峦叠嶂、沟壑纵横，钟会便派许仪在前面修路搭桥，自己在后面督率大军。有一次过桥的时候，突然桥面上坍塌了一个小洞，钟会乘坐的马碰巧踩在这个小洞里，差点把他摔下来。钟会大怒，下令斩杀许仪。许仪是魏初名将许褚的儿子，钟会竟然一点儿情面都不讲，将士们都很震惊，于是不敢再有轻视之心，无不小心谨慎。由于姜维把重

兵都布置在西部，当他得知钟会陈兵于关中，就上表汉主刘禅，请求让张翼、廖化分兵把守阳安关口和阴平的桥头，以防患于未然。但蜀国奸臣黄皓却听信巫鬼所言，按兵不动，直到魏军出动，才慌慌张张下令让廖化驰援姜维，张翼、董厥奔赴阳安关口，协助外围驻军。张、董两人刚刚到达前线，蜀朝廷又传来命令：让大军都不许抵抗，而是退守到汉城和乐城。这样，钟会率领的军队没有遇到任何抵抗，便轻松地到达了汉中。他命人包围了汉城和乐城。汉、乐二城的蜀军只有五千人，只管守城，并不出战。钟会于是得以出阳关口，他还派人祭祀了诸葛亮墓，然后马不停蹄攻破关城，缴获了大批粮食、装备。而此时的姜维仍旧和邓艾在沓中相持不下，忽然听说钟会已进入汉中，大惊失色，慌忙下令撤军，但被魏将紧紧咬住不放。两军在强川口打了一仗，姜维败走。在回到阴平后，姜维对队伍稍加整顿，准备开赴关城，但还没有到达，前方就传来关城失陷的消息，他只好退到白水，在这里遇见了廖化、张翼、董厥等诸军，然后合兵一块扼守剑阁。

钟会在行军途中发布文告，警告蜀国的将吏士民："大兵所至，必须投降，不要做无谓的抵抗，否则后果自负。"大有一举灭蜀的气概！当他领兵进攻剑阁时，遇到了姜维的顽强抵抗。姜维分兵固守险关要塞，钟会攻了很长时间都攻不下来。而且由于后勤运输艰难，军队缺少粮草，钟会不禁有点动摇了，有了撤兵的打算。但如果真这样做的话，恐怕一切伐蜀之举都前功尽弃了。因此邓艾表示坚决反对，他上书建议说："现在敌人已经遭到沉重打击，我们只能乘胜前进。另外我们可以从阴平出发，从小路经汉德阳亭一路急行到涪县，涪县距离剑阁百里，距离成都三百余里，是敌人的腹地。如果我军的一支奇兵突然出现在敌人

的腹地，那么剑阁的守军就一定会退兵去救援涪县，我们的军队也就可以从容地经过剑阁；如果剑阁的守敌不去救援涪县，那么敌人在涪县防守我军的兵力也不会很多。兵书上说：‘攻其无备，出其不意。’我军突然袭击敌人的薄弱环节，攻破涪县是很有可能成功的。”司马昭同意了这个计划。

十月，邓艾率一路精兵进入了蜀军不曾设防的阴平山区。沿途七百里荒无人烟，到处都是悬崖深谷，山峰陡峭，怪石林立。邓艾让人凿山开道，在陡峭的悬崖上修筑栈道、架设桥梁，自己更是身先士卒，与士兵们艰难地爬山越谷。在半路上，粮食快吃光了，全军濒临绝境，但都咬紧牙关坚持了下来。在经历千辛万苦之后，邓艾的军队有如神兵天将，突然出现在江油蜀军的面前。江油蜀军守将马邈不战而降。接着，他们又进入连绵一百五十里的左担道继续前行。这段山道极其狭窄，人们在左担道行走时，路上竟不能换肩，左担道由此而得名。蜀将诸葛瞻率兵抵御魏军，进驻涪县后，便不再前进。部下黄崇再三提议应派兵据守险要地形，不可轻易就让魏军进入平原地带，但诸葛瞻固执己见，根本就不听从这个建议。因此邓艾又没遇到任何抵抗就得

邓艾像

以长驱直入，很快打垮了诸葛瞻的前锋部队。诸葛瞻败退了一百多里，防守绵竹。于是邓艾派人送信劝降，但诸葛瞻坚决不降，还斩杀了来使。邓艾大怒，下令军队与蜀军决战，最后大破蜀军，杀死了诸葛瞻和尚书张遵等人，并乘势攻下了绵竹。绵竹陷落后，蜀军开始全线溃退，邓艾于是率军进抵雒城。魏军的突然逼近，令蜀国君臣一点儿思想准备都没有，朝野顿时乱作一团，老百姓听到消息后也纷纷出城避难。懦弱无能的刘禅更是束手无策，经不起光禄大夫谯周的一再劝说，派侍中刘绍捧着蜀天子的玺绶到雒县向邓艾请降。邓艾于是率军进入成都，在军营门前举行了受降仪式。刘禅亲自带领太子、诸王和群臣六十多人，各个把自己双手反绑，来到军营前，邓艾手执符节，上前替刘禅等人松绑，表示接受刘禅的投降并宽恕了他的罪过。在军队进城后，邓艾下令士兵不得侵扰掠夺，并安抚百姓，使他们各操旧业，这一系列政策的实行很快就受到蜀人的拥护，因而没有出现大的动乱。

曹魏灭蜀，是结束自东汉末年以来分裂局面，重新实现祖国统一的重要步骤。三足鼎立的局面被打破，天下只剩下曹魏和孙吴两足了，而孙吴国势也很衰败，国内矛盾尖锐，统治者更是暴虐成性，离灭亡之日也不远了。

三、晋军兵抵石头城，九州归一

公元 264 年，东吴皇帝孙休病重，在弥留之际他连话都说不出来，于是将朝廷重臣叫到自己的床边指了指自己的儿子，便去世了。孙休的意思是让他的儿子继位，可是当时那帮人认为如今蜀汉已经灭亡，只剩下东吴一国独自抗衡魏国，恐怕是朝不保夕，而且这位太子年纪也太小，应该换个岁数大些的也有能力的人来治理国事。这些人中，以张布濮阳兴为首，他听说孙权的孙子，现在已二十三岁的孙皓英明果断而且勤奋好学，于是便迎立他为帝，这样孙皓便登基称帝，成为东吴的最后一位君主。孙皓在刚上台时也能勤政爱民，看上去很有作为，但没过多久就暴露出了粗暴骄横、好色贪杯等恶习，张布濮阳兴等人马上就后悔了，不停地在朝堂之上劝诫孙皓。孙皓虽然不英明但很果断，怕那些人推翻自己再立他人，于是马上把张布濮阳兴下狱问斩。从此，东吴再也没人敢对孙皓说三道四，他更是得意忘形，变本加厉。例如，他派人到各地选美，将所有有官爵的人家都看了一遍，最后把自己看上眼的一律送进后宫。可即便这样，孙皓还是一直忙着找美人。这就是后来为什么司马炎在统一全国后能从东吴一下子得到那么多的美女。同时，

孙皓还在建业大兴土木，建造豪华的宫殿，为此投入了大量的人力、物力。他为了确保工程进度，居然下令让俸禄在二千石以下的官吏通通带领百姓入山当伐木工人，为他的宫殿准备木料。就这样，孙皓把个东吴折腾的够戗，国力日衰，南北的差距越来越大，使西晋看到了统一的时机。

这时的曹魏还在司马昭的手里，但司马昭不久便去世了，享年五十五岁。司马炎正式继晋王位。没过多久，魏帝曹奂就禅位于司马炎，曹魏灭亡。这时，天下形成了西晋和东吴南北对峙的局面。晋武帝司马炎是个比较有作为的君主，他在位时期禁止奢华并提倡节俭，还曾亲自耕种来鼓励农桑。在政治上他也比较宽大，下令封赏汉献帝刘协以及后主刘禅的后代，对魏的废帝曹奂尤其优厚，允许他继续使用天子的仪仗，上表时也不用称臣。虽然这么做有诱降孙皓的目的，但也可说明他胸怀是比较宽广的。

对内政治稳定后，司马炎于公元 269 年开始了灭吴的具体部署，他首先任命名将羊祜出镇襄阳，统领荆州的人马，并派其他人分别出镇扬州等与东吴接壤的地方。羊祜到襄阳后，发现军粮不足，于是开始想办法筹措军粮。这时候的东吴在距离襄阳七百里的一个小城中驻有兵马，经常骚扰边境。羊祜于是设计骗其撤兵后，解除了边境的军事威胁，然后立刻组织军士屯田，开荒八百顷。在他刚到襄阳时，军粮只能支持不到一百天，可是没过几年后就囤积了足够支持十年的用度。同时，他对东吴采取怀柔政策，出兵打仗一向不搞诡计。无论谁劝他要兵不厌诈，他都不加理会仍然我行我素。所以俘获的东吴军民如果有想回去的话，他是一概欢送。羊祜在出兵东吴时，即使在其境内收割了军粮，事后他也一定会送钱或以其他等价物来补偿。后来连东吴的人都尊称他为“羊公”，当他去世时甚至为他落泪。与此相对的是，东

吴任命的是陆逊的儿子陆抗为荆州附近的军事统帅。羊、陆两人互相尊敬，经常派使者往来。羊祜生性喜欢畅饮，陆抗听说后时常送羊祜好酒；陆抗有病时羊祜也曾派人来送药，手下人都劝他谨慎，而陆抗却一饮而尽："羊祜不是这种小人!"羊祜、陆抗虽然私下互相敬佩，但在打仗时却毫不相让。可惜的是在公元274年陆抗就病逝了，此后羊祜再也没有什么顾忌了，开始了灭吴的筹划。

阮籍像

公元276年，羊祜上表陈述灭吴的主张，司马炎对此也表示相当赞同，但朝中大部分大臣却认为陇西一带战事才是最重要的，再加上羊祜平时不喜欢巴结朝廷权贵，自己也生性耿直，而被贾充等权贵所忌恨，只有张华、杜预等少数人赞同灭吴，这件事也因此而被搁置。不久之后，羊祜病情加重回到洛阳，司马炎对他相当尊重，亲自去探望他，在长谈之后司马炎终于下定决心准备灭吴。于是，司马炎在羊祜的推荐下任命杜预（羊祜、杜预均为

著名学者）为镇南大将军，杜预便成为荆州地区的新统帅。而在此时，羊祜也病故了，享年五十八岁。

羊祜没有看错人，杜预一到任就给东吴来了个下马威。他挑选精锐骑兵突袭东吴的西陵守将张政，把张政打了个措手不及。张政对这次失败羞愧难当，不敢老实上报。张政是东吴的名将，这次虽然因不小心而导致兵败，但依旧是晋灭吴的最大障碍。于是杜预就想办法让东吴知道了这件事情，孙皓听后大怒，把张政撤了职，这样吴国再也没有能和杜预抗衡的将领了。

公元279年，七年前就开始打造舰船一直在准备攻吴的益州刺史王濬以及杜预等人纷纷上表，催促司马炎下决心动手。再加上朝中大臣张华的大力劝说，认为这是灭吴统一天下的最好时机。于是，司马炎最终下定决心灭吴。同年十一月，晋朝集合二十万大军，分兵多路以摧枯拉朽之势开始了灭吴战争。此后在晋平吴的过程中虽然还有些反对意见，但司马炎基本上已经坚定了决心，而战争的进展也很顺利，没有遇到什么大的障碍。

公元280年初，杜预率军从荆州出发攻向江陵，王浑则从扬州出发攻向建业，而王濬则从益州率领水军沿长江东下直接插入东吴的腹地，一路上势如破竹。吴兵为了阻止西晋的水军在长江中前行，于是在长江中布置了很多铁索并且还铸造了长达一丈的铁锥放在江中，试图扎破王濬的舟舰。王濬看到此情形并没有慌张，他先是派出善于游泳的勇士，让大空船在前面把铁锥全都拔起，然后又烧断铁链，搬开这些绊脚石，清除了障碍后，王濬的水军便乘风破浪直奔江南。按照晋朝中央朝廷的命令，王濬在攻克建平(长江上的要点，三峡附近)后归杜预指挥，到建业后则归王浑指挥。杜预看到这个命令不太现实，他想：王濬如果攻破了建平，他的功劳就会在我之上，我怎么能指挥他呢？如果攻不破

建平，他就根本到不了我这里。因此在攻克江陵后，他就写信给王濬，让他长驱直入直取建业，实际上是把权力下放到王濬手中。王濬得到了这样的鼓励，立刻顺江而下兵锋直指建业。半路上王浑看见他想跟他说两句话，而志在必得的王濬却开玩笑地说："风大船快，我也停不住啊！"

王濬的确停不住，因为东吴基本上没派什么兵力去拦截他，整个国家已经处于一种土崩瓦解的状态。东吴仅剩的一些武装力量根本就不值一提，简直就是一触即溃，甚至两军还没接触就开始全面后撤。当初在晋兵南下时，孙皓就命令丞相张悌率兵三万渡过长江前往迎战。由于双方的实力水平过于悬殊，这三万人根本就无法阻挡住晋军的南下，主帅张悌也战死。而王濬来时更是势不可当，整个长江都布满了他的舰船。孙皓不自量力先后派出了两支部队前去抵抗，第一支望风而降；第二支的将领更是离谱，居然当着孙皓的面吹牛，说晋兵乘的都是小船，给我些大船，我撞也能把他们撞翻。早已无计可施的孙皓当时以为捡到了一根救命稻草，于是把剩下的家当全部交给了此人指挥，结果在当天夜里这支部队就全都当了逃兵。最后，走投无路的孙皓不得已，在大臣们的劝说下只好投降，东吴就这样灭亡了。在被送到洛阳后，司马炎封孙皓为归命侯。

随着东吴的灭亡，三国的历史也彻底地降下了帷幕，天下又出现了新的统一。虽然这次统一并没持续太长时间，但那是另一段新的历史了。

点　评

正如《三国演义》所说，"天下大势，分久必合"，从东

汉末年，群雄分裂割据逐渐演化到三足鼎立，中国出现了局部的统一，再到最后三国以东吴的灭亡而落下帷幕，而司马氏所建立的西晋成了最后的赢家。我们不禁要问：为什么曹操、刘备、孙权三人堪称一代英杰，最后所建立的国家却一个个都衰败消亡了呢？残酷的历史给了我们许多的警示，最后不禁把目光落到了统治者的身上，落到那个几千年来人们一直理所当然地实施的“家天下”的制度上，这是封建社会的一大弊端，更是一个无法逃脱的命运捉弄。父死子继、兄死弟承造成了一个朝代有盛也有衰，更造成了一个无法避免的恶性循环。也许刘禅从小就一点都不想当皇帝，也许孙皓只是想做个逍遥的安乐公，但他们的命运却让他们必须去做皇帝，他们都是不称职的皇帝，可他们的地位却让他们的不称职无限扩大，给这个社会、给众多的百姓造成了深重的灾难。三国的历史结束了，但那个“恶性循环”仍旧在继续操纵着历史的前进。

相关链接

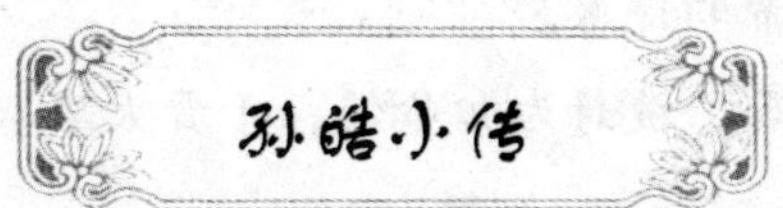

孙皓小传

孙皓(242～284年)，字元宗，他是三国时代东吴的第四代君主，也是东吴的最后一位皇帝。

虽然孙皓的前任皇帝孙休有个儿子，但孙休去世时这个儿子十分年幼。群臣鉴于蜀汉之亡，都认为主少国危，所以想立一个较年长的君主，作为废太子孙和的长子孙皓便被拥立继位。孙皓即位之后，追谥父亲为文皇帝，并为他举行祭祀。

据《三国志》记载，孙皓初立时，勤于政事，取得了一定的成就。他下令抚恤人民，开仓赈贫、减省宫女和放生宫内多余的珍禽异兽，一时被誉为有为之主。但好景不长，他很快便变得粗暴骄淫、暴虐治国，又好酒色，从而民心丧尽。另外，他也把拥立自己的家臣杀掉(据说家臣们后悔拥立孙皓，被孙皓知道后而遭杀害)，又曾迁都至武昌(今鄂州，非武汉)，大兴土木。

孙皓即位的第二年，曹魏的司马炎受禅称帝，建立了西晋。司马炎本来打算立刻攻伐东吴，但国内赞成及反对征吴的两派发生了巨大的纷争，这才使得吴国在这段时期得以苟延残喘。

孙皓曾任命陆逊的族子陆凯为丞相，陆逊次子陆抗为镇守襄阳等处的大将军。这两个人都是东吴末期的名臣。根据历史记载，孙皓曾对两人的直谏有所不满，但是因他们家族势力太大，孙皓还要仰仗他们稳固政权，所以始终没有惩罚他们和他们的子孙。

陆凯、陆抗二人于公元 269 年和公元 274 年相继去世。吴国失去了两位重臣，政局日渐转坏。在此之后不久，西晋内部达成了伐吴的一致意见，遂于公元 280 年挥军南下。在西晋强大的军事攻势下，吴军毫无抵抗之力。结果建业陷落，吴国灭亡，孙皓本人也成了晋武帝的俘虏。

孙皓归晋之后，被封为归命侯，于晋太康四年末去世。

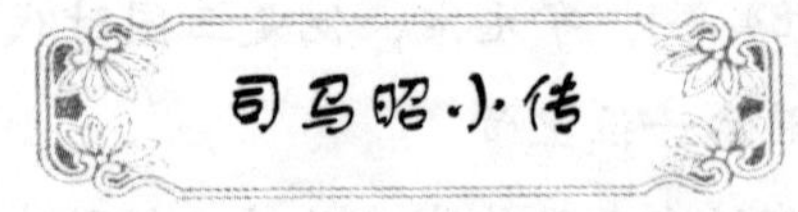

司马昭小传

司马昭(211～265 年)，字子上，河内温县(今河南温县西)人，是司马懿的次子，三国后期的曹魏名将。起初任洛阳典农中郎将，后改任为散骑常侍。魏正始五年(244 年)随大将军曹爽进攻蜀

国，在兴势之战受挫之时，力劝曹爽急退，并自告奋勇要为大军断后，使曹军免遭全军覆没。正始十年(249年),随父亲及兄长司马师发动高平陵政变，使司马氏从此得以独专朝政。继而升任安西将军，屯兵于关中而节制诸军，后转任安东将军，镇守许昌。三年后，成为淮北地区的最高军事统帅，率军与司马懿会合于项(今河南沈丘)，平定了太尉王凌的叛乱。次年又统军进攻吴国，但在进攻东关(今安徽含山西南)时失败，被朝廷免除了侯爵。正元二年(255年)，担任卫将军，不久兄长司马师病逝，他进位大将军兼侍中，都督中外诸军，并辅政。甘露二年(257年)，率军26万人东征叛将诸葛诞，围攻寿春(今寿县)，第二年攻克该城，基本上肃清了淮南的反叛势力，巩固了司马氏在国内的统治，完成了代魏的准备。不久晋封为晋公，进位相国。景元三年(262年),根据吴蜀地理形势和蜀汉边疆无备的情况，定下先灭蜀汉再顺江灭吴的战略决策。第二年派遣将军邓艾、钟会等一举灭蜀。咸熙元年(264年)，挟魏帝西临长安，派遣中护军贾充领军镇守汉中，威慑成都，从而平息了钟会的叛乱，不久晋爵为晋王。

司马昭于公元265年八月不幸病逝。但在他去世时一切代魏的准备都已经准备好，为司马炎称帝奠定了坚实的基础。

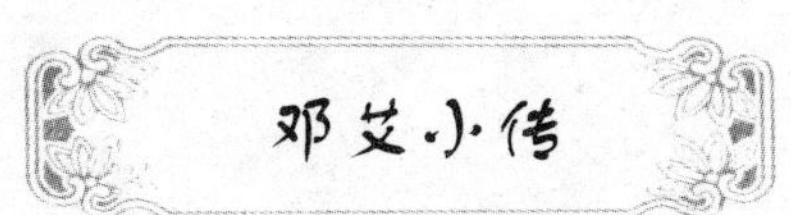

邓艾小传

邓艾(197～264年)，字士载，义阳棘阳(今河南南阳南)人，三国后期曹魏名将。小时候家庭比较贫困，但他很好学，成年之后成为都尉学士。因有口吃的毛病而改任稻田守丛草吏。年轻时就非常喜欢读兵书，“每见高山大泽,往往便指画军营处所”(《三国

志·邓艾传》)。后任典农纲纪、上计吏，很受太尉司马懿的赏识，被提拔为司马懿的属下官吏,不久被任为尚书郎。著有《济河论》,主张开挖河渠，引水灌溉,大量囤积军粮，并建议实行以通航运粮。魏国大规模的在两淮地区屯田，都是按照他的计划施行的，成效非常显著。后出参征西军事，兼南安太守。魏嘉平元年(249年)，与雍州刺史陈泰等围蜀将勾安于麴城(今甘肃岷县东)，断其粮道及水源，并击退了援军，迫使句安投降，又乘夜急行六十多里，占据洮城，从而迫使蜀将姜维后撤。后调任为兖州刺史、振威将军。正元二年(255年),率军占据乐嘉城(今河南项城西北)，命人架起浮桥以让大军通过，为司马师平定毌丘俭之乱立下战功。甘露元年(256年)，为镇西将军、都督陇右诸军事，晋封为邓侯。次年则升任征西将军，多次击败蜀将姜维。景元四年(263年),与镇西将军钟会等率大军进攻蜀国，当钟会所率的主力十余万人被蜀军阻挡在剑阁(今四川剑阁东北)之时，他亲自率领三万余人经阴平小道，出其不意，逼近成都，迫使后主刘禅出降，蜀汉于是灭亡，因功而升为太尉。不久因钟会、卫瓘诬告他要谋反，而被抓起来押往京城，第二年正月被卫瓘遣人追杀，死在行途中。邓艾在灭蜀战中的功劳是最大的，可以说没有他晋军不会那么顺利地攻灭蜀国，其中他越险奇袭以攻敌腹地的作战方法，在中国军事史上享有盛名。

附　录

一、三国时期的经济

三国时期，国家处于不断的战乱之中，虽然如此，三个国家也都分别发展了各自的经济，使国力有所恢复。

（一）魏国经济

曹操迎接汉献帝到了许昌之后，制定了“强兵足食”的大政方针，在许昌附近实行屯田制，获得了很好的结果，粮食增收。后来，曹操专门在各州郡内设置了田官，招募流民屯田，把屯田制加以推广，改变了东汉末年军阀混战所造成的“白骨露于野，千里无鸡鸣”的境况。正因屯田制的成功，各个地方都变成了“农官兵田，鸡犬之声，阡陌相属”的景象。这个制度也使北方的社会转向稳定，最终达到征伐四方时不用运输粮食，当地的粮食就足以维持战事之用的目的。

（二）蜀国经济

四川自古以来就有“天府之国”的美名，汉高祖能得天下也是靠此地的物质丰厚。

东汉末年，刘焉父子先后担任益州牧，他们采用以宽制宽的

政策来治理蜀地，逐渐使豪强垄断土地及其他重要资源，导致税收不断减少。

刘备占领益州之后，诸葛亮在这里实行了一系列改革，打击豪强，曾经还采用闭关息民、务农植谷的政策，起到了不错的效果。诸葛亮又在都江堰设堰官，管理农田水利工程，并推行屯田，以恢复和发展农业生产。

另外，蜀国对冶铁、煮盐、织锦等重要手工业实行公营，并设立专职官员加强管理。以上一连串的措施，使国家税收大大增加，奠定了三足鼎立的基础。

（三） 吴国经济

东汉末年，群雄逐鹿，中原地方连年征战，于是很多人都携家渡江来到南方避难。

这些北方的难民中有些是富商大贾，他们由北方到江南，不仅带来了钱财，还带来了生产技术与文化，为当时贫困的江南注入了新鲜的血液。

在此之前，东吴的农耕技术十分落后，甚至还不懂得牛耕的技术。这些北方来的人将技术带来之后，投入农业生产，使得东吴的农业生产技术逐渐提高，人口亦因此渐渐增加，一改以往地广人稀的境况。

加上孙氏三代孙坚、孙策、孙权的不断经营，使他们的统治领地逐渐扩大，军队也因此变得庞大，为了减轻因军队粮草带来的负担，他们也逐渐实行屯田制，并设置典农校尉和典农都尉。屯田制又分兵屯及民屯。兵屯下之耕者为佃兵，民屯下之耕者为屯田客。

二、三国时期的文学成就

（一） 建安风骨

建安九年（204 年），曹操占据邺城后，在中国北部形成了一个以邺城为中心的相对稳定的政治局面。曹操本身就是一个文人，所以他倡导“尚刑名”、“尚通脱”，善待文人，所以许多文士在饱经战乱之苦后，相继奔往邺城，归附到曹氏周围，并且迅速在这里形成了以“三曹”为领袖，以“七子”为代表的庞大的文人集团，这便是历史上有名的“三曹”和“建安七子”。这些人在战时大多随军，归来后习文作诗，探讨文学，相互批评、磋商，共同提高写作水平。正是因为他们的存在，使这个时期的文学得到了发展，并建立了建安文学，给后人留下了“建安风骨”这一宝贵的精神财富。建安文学在中国文学发展史上占有相当重要的地位。

“建安”实际上是东汉末年献帝刘协的一个年号，建安文学通常指从汉末到魏初这个时期的文学，并非仅限于年号所代表的那二十五年。

建安时期，是我国文学史上光辉灿烂的时期，“俊才云集，作家辈出”，各种文体得到发展，是中国文学史上的黄金时代。

这个时期重要的代表人物“三曹”是指曹操与其子曹丕、曹植。因他们政治上的地位和文学上的成就对当时的文坛很有影响，所以后人合称之为“三曹”。他们都生活于汉末动乱年代，均不同程度地参与了频繁、激烈的政治和军事斗争。“三曹”在写作手法上，继承了汉乐府诗和《古诗十九首》等现实主义传统，具有相近的艺术特色，成为“建安风骨”的代表。但由于他们的经历等的差别，文学成就的不同，风格也有差异。曹操是开时代风气的带头人，“改造文章的祖师”；曹植诗文创作最丰富，艺术成就也最高，钟嵘称他“骨气奇高、词采华茂”，是“建安之杰”；曹丕在七言诗的创作、文学批评的首创上，也有自己独到的贡献。

“建安七子”指的是建安年间(196～220年)七位文学家的合称。包括：孔融、陈琳、王粲、徐幹、阮瑀、应玚、刘桢。

九章筭經卷第一
魏 劉徽 注
方田
今有田廣十五步從十六步問爲田幾何
荅曰一畝
又有田廣十二步從十四步問爲田幾何
荅曰一百六十八步

《九章算术》书影

“七子”之称，始于曹丕所著《典论·论文》：“今之文人，鲁国孔融文举，广陵陈琳孔璋，山阳王粲仲宣，北海徐幹伟长，陈留阮瑀元瑜，汝南应玚德琏，东平刘桢公干。期七子者，于学无所遗，于辞无所假，咸以自骋骥騄于千里，仰齐足而并驰。”这七人大体上代表了建安时期除曹氏父子以外的优秀作者，所以

"七子"之说，得到后世的普遍承认。在这七子当中，除了孔融与曹操政见不合外，其余六人后来都投奔了曹操。这六人都将曹操视为知己，想依赖他干一番事业，所以他们诗的风格和写法与曹氏父子有许多相通之处。另外，这七个人都曾同居魏都邺中，又号"邺中七子"。

孔融(153~208 年) 是孔子的二十世孙，鲁国曲阜人，后来为曹操所用。他年少时曾让大梨给兄弟，自己取小梨，因此名垂千古，这也就是"孔融让梨"的故事了。孔融在"建安七子"中位居其首，文才甚丰。但现在流传下来的作品只有散文和诗。散文如《荐祢衡表》、《与曹公论盛孝章书》，辞藻华丽，骈俪用法较多；《与曹操论禁酒书》则有诙谐意味。其《杂诗》第二首，以白描手法写丧子之痛，哀婉动人。

陈琳（？~217 年），字孔璋，广陵（今江苏江都）人，"建安七子"之一，他的出生日期无法考证，但根据史料可以得知，是"建安七子"中比较年长的一个，约与孔融相当。他擅长章奏书记。《饮马长城窟行》为他的诗歌代表作，假借秦代筑长城的故事，揭露当时繁重的徭役给民间带来的苦难，尤为深刻。

王粲(177~217 年)，字仲宣，山阳高平（今山东邹县）人，"建安七子"之一，他强记默识，善算术行文。有一次，他与朋友一起赶路，看到路边上有一石碑，看过一遍之后便能背诵，并且一字不差。他看人下棋，在棋局结束之后，他能将两人的对弈一步一步重新演示一遍。他有很高的文学成就，他的《七哀诗》和《登楼赋》最能代表建安文学的精神。《七哀诗》之一的《西京乱无象》描写了他由长安避乱荆州时途中所见饥妇弃子的场面，深刻揭示了汉末军阀混战造成的惨象及人民的深重灾难，使人触目惊心。《登楼赋》为他在荆州时登麦城城头所作，主要抒

发思乡之情和怀才不遇的怨恨，极富感染力量，是抒情小赋的名篇。

徐幹(171~218 年)，字伟长，北海（今山东潍坊市）人，“建安七子”之一。少年时期就勤奋学习，潜心研读典籍。他的主要著作是《中论》，曹丕称赞此书为“成一家之言，辞义典雅，足传于后”。其情诗《室思》也写得一往情深。

阮瑀(约 165~212 年)，字元瑜，陈留尉氏（今河南开封）人，“建安七子”之一。他的名作有《为曹公作书与孙权》。诗有《驾出北郭门行》，描写了孤儿受后母虐待的苦难遭遇，比较生动形象。年轻时曾受学于蔡邕，蔡邕称他为奇才。他的音乐修养颇高，他的儿子阮籍，孙子阮咸都是当时的名人，位列“竹林七贤”。明人辑有《阮元瑜集》。

应玚（？~217 年)，字德琏，汝南（今河南项城西）人，“建安七子”之一。他擅长作赋，代表诗作为《侍五官中郎将建章台集诗》。

刘桢(？~217 年)，字公幹，东平（今山东东平县）人，“建安七子”之一。他的文学成就主要表现在诗歌，特别是五言诗创作方面。今存诗十五首，《赠从弟》三首为代表作，言简意赅，平易通俗。

这七个人的生活，基本上可分为前后两个时期。前期他们在汉末的社会大战乱中，尽管社会地位和生活经历都有所不同，但一般都有过颠沛困顿的经历。后来，他们都依附于曹操，虽然孔融与曹操政见不和，但是也曾在其手下任过少府，王粲还担任过侍中这样的高级官职，其余也都是曹氏父子的近臣。他们前期的作品大多反映社会动乱的现实，抒发忧国忧民的情怀，主要作品有王粲的《七哀诗》、《登楼赋》，陈琳的《饮马长城窟行》，阮

瑀的《驾出北郭门行》，刘桢的《赠从弟》等，这些作品都具有现实意义和一定的思想深度；后期作品则大多反映他们对曹氏政权的拥护和自己建功立业的抱负，内容多为游宴、赠答等，但也有些对曹氏父子的颂扬，带有清客陪臣的口吻，显露出庸俗的态度。但是，无论是前期还是后期，“建安七子”的创作都是积极、健康的内容占据主导地位。

“建安七子”在中国文学史上具有相当重要的地位，他们与“三曹”一起，构成建安作家的主力军。他们对于诗、赋、散文的发展，都曾作出过贡献。

（二）竹林七贤

“竹林七贤”指的是中国三国时期魏国七位名士的合称，他们成名较“建安七子”晚一些。这七人分别是嵇康、阮籍、山涛、向秀、刘伶、阮咸及王戎。他们经常聚在当时的山阳县（今河南修武一带）竹林之中，肆意酣畅，所以世人称其为“竹林七贤”。

这七个人的政治思想和生活态度和“建安七子”有所不同，根据史书记载，他们大都“弃经典而尚老庄，蔑礼法而崇放达”。在政治上，嵇康、阮籍、刘伶对当时的权贵司马氏集团持不合作态度，嵇康还因此被杀。向秀在嵇康被害后被迫出仕。阮咸入晋曾为散骑侍郎，但不为司马炎所重。山涛起先“隐身自晦”，但四十岁后出仕，投靠司马师，历任尚书吏部郎、侍中、司徒等，成为司马氏政权的高官。王戎为人鄙吝，功名心最盛，入晋后长期为侍中、吏部尚书、司徒等，历仕晋武帝、晋惠帝两朝，至八王乱起，仍优游暇豫，不失其位。在文学成就上，阮籍、嵇康取得的成就最高，阮籍的《咏怀》诗八十二首，在当时流传甚广，

它以比兴、寄托、象征的手法，隐晦曲折地揭露了最高统治集团的罪恶，讽刺虚伪的礼法之士，表现了诗人在政治恐怖下的苦闷情绪。嵇康的《与山巨源绝交书》，以老庄崇尚自然的论点，表明了自己的本性，显示了自己不愿意出仕的心理状态，公开表明了自己不与司马氏合作的政治态度，这篇文章很有名气。其他如阮籍的《大人先生传》，刘伶的《酒德颂》，向秀的《思旧赋》等，也都是不错的作品。

虽然他们的思想倾向有所不同，但七个人是当时玄学的代表人物。嵇康、阮籍、刘伶、阮咸始终主张老庄之学，“越名教而任自然”；山涛、王戎虽喜欢老庄，但是也有一些儒家的思想；向秀则主张名教与自然合一。他们在生活上都不拘泥于传统的礼法，喜欢清静无为的老庄思想，虽然他们政见不同，但却经常聚集在竹林喝酒、纵歌。

嵇康(224~263年)，字叔夜，三国时谯郡铚(今安徽宿州西南)人。他的祖上都遵从儒学，但是他却比较喜欢老庄之道。由于他曾经官至中散大夫，所以人们也称他为嵇中散。他比较崇尚自然、养生之道，主要的著作有《养生论》，文章里倡导“越名教而任自然”。与王戎、刘伶、向秀、山涛、阮咸、阮籍等人交往非常密切，被称为“竹林七贤”。后来因为与山涛志趣不同，遂作书与其绝交；由于他与司马家族政见不和，又得罪钟会，于263年遭杀害。

阮籍(210~263年)，字嗣宗，陈留尉氏(河南开封)人，三国时期曹魏末年诗人，“竹林七贤”之一。由于曾任步兵校尉，所以世人也将他称为“阮步兵”。他崇奉老庄之学，政治上采谨慎避祸的态度。阮籍是“正始之音”的代表人物，其中以《咏怀》八十二首最为著名。他的写作技巧较多，比如比兴、象征、寄托，能借古讽今，寄寓情怀，形成了独特的写作流派，他的诗风有

“悲愤哀怨，隐晦曲折”的特点。除诗歌之外，他还擅长散文和辞赋。流传下来的散文有九篇，其中最长及最有代表性的是《大人先生传》。还有赋六篇流传下来，其中述志类有《清思赋》、《首阳山赋》；咏物类有《鸠赋》、《弥猴赋》。另外据史料记载，魏文帝司马昭曾经想让其子与阮籍之女结婚，阮籍以酒醉为由，使司马昭没有机会开口，所以此事没有办成。这件事在当时颇具代表性，对后世影响也非常大。

山涛(205~283 年)，字巨源，西晋河内怀县(今河南武陟西)人，“竹林七贤”之一。历史记载他是一名孤儿，家境非常贫寒。他喜欢老庄学说，与嵇康、阮籍等交往甚密。虽然在山涛即将上任的时候，嵇康与其绝交，但两人的关系并没有因此受到影响，所以嵇康临死的时候对自己的儿子说：“只要你山涛伯伯在，你就不用为前途担忧。”所以史学家认为，当时嵇康写绝交书的原因，大概是不想因自己而影响了山涛的前途。后来山涛见司马懿与曹爽争权，就隐身不问政务。司马师执政后，才倾心帮助朝廷，后来被举秀才，逐步做到尚书吏部郎。司马昭以钟会在蜀地作乱为由西征，任命山涛为行军司马，镇守邺城。后来，在立太子的时候，山涛主张立司马炎为太子。司马炎代魏称帝之后，重用山涛，任命他为大鸿胪，加奉车都尉，晋爵新沓伯，并担任冀州刺史。后来山涛曾多次以老病辞官，都没有得到当时朝廷的准许。最终因其执意要辞官，才得以回乡。

向秀(约 227~272 年)，字子期，河内怀(今河南武陟西南)人，魏晋“竹林七贤”之一。他投靠司马家族，最后官至黄门侍郎、散骑常侍。他主张名教与自然的统一，取儒道之精髓合而为一。他认为万物自生自化，各任其性，即是逍遥，但君臣上下则超然于天理自然之外，所以不能因要求逍遥而违反制度礼仪。他擅长

诗赋，其中以哀悼嵇康、吕安的《思旧赋》最为出名。

刘伶，字伯伦，沛国(今安徽濉溪县)人，“竹林七贤”之一，擅长品酒。魏末，他曾为建威参军。晋武帝初年，由于他强调无为而治，和朝廷政策不合，被罢免。他也反对司马氏的黑暗统治和虚伪礼教，后来意识到自己可能会被司马家族追杀，就装疯卖傻，喝酒度日。一次有客来访，他不但不穿衣服，还说：“我以天地为宅舍，以屋室为衣裤，你们为何入我裤中?”他这种放荡不羁的行为表现出对名教礼法的否定。他的著作是《酒德颂》。

阮咸，字仲容，西晋陈留尉氏（今属河南）人，“竹林七贤”之一。他是阮籍的侄子，与阮籍并称为“大小阮”。曾经担任过散骑侍郎、始平太守等职务。据史书记载，他为人旷放，不拘礼法。比较擅长弹直颈琵琶，以至于后来直颈琵琶改称阮咸，简称阮。

王戎(234~305 年)，字濬冲，琅琊临沂(今山东临沂)人，西晋时期的大臣，“竹林七贤”之一。他在年幼的时候就非常聪明，并且善谈。有一次阮籍、嵇康等在竹林之中游玩，他来后，阮籍说：“俗物已复来败人意。”也就是说，他是“七贤”之中最庸俗的一位。晋武帝时，历任吏部黄门郎、散骑常侍、河东太守、荆州刺史，晋爵安丰县侯。后来改任光禄勋、吏部尚书等职。惠帝时，官至司徒。历史记载他苟媚取宠，热衷于名利、并且生性极贪婪吝啬。史书上说他的房子遍及诸州，聚敛钱财无数，每天都计算自己有多少财产，生怕钱财流失。据说他家有不错的李子，经常拿出去卖，但是怕别人得到种子，就把里面的核取出来之后才出售，因此被世人讥讽。

这七人并称为“竹林七贤”，虽然他们在政治上建树不同，但在文学上都享有很高的声誉，也为那个时期文学的发展作出了贡献。

三、三国时期的音乐艺术

中国的音乐发展到三国时期，已经达到了相当的高度，因为古代社会把音乐作为治国安邦的一种手段，再加上文人大多喜欢音乐，先秦时期的师旷、汉代的李延年等都对音乐的发展作出了突出的贡献。三国时期，随着社会的发展变化和一些重要文人的相继出现，这个时期也出现了一些具有时代特征的音乐作品及富有时代特色、代表着当时音乐发展水平的音乐家及其理论。其中，最主要的代表是嵇康、阮籍、蔡琰，他们对中国古典音乐的发展有着重要的影响。

（一） 嵇康及古琴曲《广陵散》

嵇康在三国时期是很有名气的，他除了在文学上有很大成就之外，还在音乐方面有突出的贡献，给后人留下了宝贵财富。

根据历史记载，嵇康在小时候就很喜欢音乐，并对音乐有特殊的感受能力。《晋书·嵇康传》云，嵇康“学不师授，博览无不赅通”，说明他在音乐方面有着很强的天赋。

可以毫不夸张地说，嵇康是魏晋时期的一个奇才，他在音乐上最精通的是笛，并且他的琴也弹得很好，能很好地把握音律。他对

琴非常有研究，也对琴曲有着狂热的嗜好，并且还为后人留下了一个个迷人的传说。据《太平广记》三百十七引《灵鬼志》说：

嵇康灯下弹琴，忽有一人长丈余，着黑衣革带，康熟视之，乃吹火灭之曰："吾耻与魑魅争光。"尝行西南游，去洛数十里，有亭名月华，投宿。夜了无人，独在亭中。此亭由来杀人，宿者多凶；中散心神萧散，了无惧意。至一更中操琴。先作诸弄，雅声逸奏。空中称善。

中散抚琴而呼之："君是何人？"答云："身是故人，幽没。于此数千年矣。闻君弹琴，音曲清和，昔所好，故来听耳。身不幸非理就终，形体残毁，不宜接见君子；然爱君之琴，要当相见，君勿怪恶之。君可更作数曲。"中散复为抚琴，击节曰："夜已久，何不来也？形骸之间，复何足计。"乃手挈其头曰："闻君奏琴，不觉心开神悟，恍若暂生。"遂与共论音声之趣，辞甚清辩。

谓中散曰："君试以琴见与。"乃弹《广陵散》。中散才从受之，半夕悉得。先所受引殊不及。与中散誓，不得教人。天明，语中散："相与虽一遇于今夕，可以还同千载；于此长夕，能不怅然！"

历史记载，嵇康有一张非常名贵的琴，为了这张琴，他竟然将东阳的旧业变卖，还向尚书令讨了一块河轮佩玉，截成薄片镶嵌在琴面上作琴徽。这把琴在当时就价值连城，如果放在今天，它更是无价之宝。有一次，他的朋友山涛喝醉之后，想将此琴拆毁，嵇康以生命相威胁，才使此琴免遭大祸。

嵇康创作的《长清》、《短清》、《长侧》、《短侧》四首琴曲，被称为"嵇氏四弄"，这四首曲子与蔡邕创作的"蔡氏五弄"合称"九弄"，是我国古代一组著名琴曲，也是现在古琴

专业的学生必练的曲目。后来的隋炀帝曾把弹奏“九弄”作为取士的条件之一，足见其影响之大、成就之高。

《广陵散》是古代一首大型琴曲，它至少在汉代已经出现。有历史记载，《广陵散》是在明代朱权编印的《神奇秘谱》(1425 年)，谱中有关“刺韩”、“冲冠”、“发怒”、“报剑”等内容的分段小标题，所以人们都将《广陵散》与《聂政刺韩王曲》看做是异曲同工的两首曲子。

嵇康所弹奏的《广陵散》这一古代名曲是经嵇康加工而成的一首曲子，在长期的流传过程中，正像一首民歌一样，凝聚着历代传颂者的心血。嵇康由于和当时执政者不和，在临行刑之前，神气不变，弹奏了这首《广陵散》。弹完之后说：“袁孝尼尝请学此散，吾靳固不与，《广陵散》于今绝矣！”这首曲子也正因为嵇康这一举动才名声大振，所以说一定程度上，《广陵散》是因嵇康而闻名的。

嵇康在音乐上有着很深的功底，他临刑前，有三千太学生共同向司马氏要求“请以为师”，但未被允许。而他的死，使“海内之士，莫不痛之”(《晋书》本传)。因此，嵇康的名字始终与《广陵散》联系在一起。

《广陵散》乐谱全曲共有四十五个乐段，分开指、小序、大序、正声、乱声、后序六个部分。这首曲子的旋律激昂、慷慨，是我国现存古琴曲中唯一具有戈矛杀伐战斗气氛的乐曲，可以直接表达出被压迫者反抗暴君的斗争精神，具有很高的思想性及艺术性。

嵇康除了以弹奏《广陵散》闻名之外，在音乐理论上也有独到贡献。他的著作《琴赋》与《声无哀乐论》，对人们了解那段时期的音乐发展很有帮助。《琴赋》主要表现了嵇康对琴

和音乐的理解，而《声无哀乐论》是他对儒家“音乐治世”思想直接而集中的批判。这其中，有很多嵇康对音乐的真知灼见，值得后人借鉴。

（三）蔡琰及《胡笳十八拍》

蔡琰，原字昭姬，晋时避司马昭讳，改字文姬，陈留圉人，生于公元 178 年，卒年不详。她是东汉末年大文学家蔡邕的女儿，三国时期的著名女诗人、琴家。父亲蔡邕是曹操的挚友。

虽然她是女人，但她自幼就受到良好的家庭环境熏陶，史书说她“博学而有才辩，又妙于音律”。据《蔡琰别传》载：“文姬，少聪慧秀异，年六岁，邕夜鼓琴，弦绝。琰曰：‘第一弦。’邕故断一弦而问之，琰曰：‘第四弦。’”可见，她从少年时代起便有很高的音乐天赋。

她的一生极其悲惨，最初随戴罪的父亲辗转流浪，后嫁给卫仲道，不久，丈夫死去。蔡琰没有孩子，所以只好回到娘家，当时她的父亲已经被王允杀害。这时，战乱频仍，约在献帝兴平二年（195 年），她被董卓部下俘虏至南匈奴，后嫁给左贤王，留在那里十二年之久，并生育两个儿子。后来曹操统一北方后，局势相对稳定，鉴于和她父亲的关系，便派遣使节用金币将蔡琰赎回，后又嫁给董祀。之后董祀犯罪论死，蔡琰亲自向曹操求情，时值严冬，史载“蓬首徒行，叩头请罪，音辞清辩，旨甚酸哀，众皆为改容”。曹操最后同意赦免董祀。正是她这种极端痛苦的人生经历使她写出了长篇诗作《胡笳十八拍》。

根据《胡笳十八拍》而创作的同名琴曲，是我国音乐史上一首杰出的古典名曲。它以感人的乐调诉说了蔡琰一生的悲惨遭遇，同时更反映了战乱给人民带来的深重灾难，抒发了主人公对

祖国、对故土的深沉思念及骨肉离别的苦痛之情。这首曲子直到唐、宋年间都很流行，据专家统计，琴曲共有 39 种不同版本，可见其影响之大。

（四）阮籍及《酒狂》

阮籍是“竹林七贤”之一，他不但在文学上取得了重要成就，在音乐上也独步当时。受到父亲阮瑀的影响，阮籍也是一名弹琴高手。

他的代表作《酒狂》淋漓尽致地表现了阮籍在司马氏大肆杀戮、排斥异己的黑暗统治下，且恐且忧、且怒且避的真实心态。

阮籍除了音乐作品《酒狂》之外，在音乐理论方面也很有建树，他的著作《乐论》是当时著名的音乐专著。《乐论》具有明显的儒家说教色彩，它反映了阮籍内心世界的另一面，如他认为：“夫乐者，天地之体，万物之性也。”“律吕协，则阴阳和；音声适，而万物类。男女不易其所，君臣不犯其位，四海同其观，九州一其节。”从阮籍的音乐中可以看到其内心世界，他本来是维护礼教的，但是对司马氏专权非常不满，所以故意表现得放荡怪异，由此可见，他是忍受着内心的极大痛楚来反抗司马氏的。阮籍的这种思想与行为上的巨大差异表现出了他的两面性。

四、三国历代皇帝年表

魏(220～265)

帝王名号（姓　名）	年号（使用年数）	即位时间
文帝（曹丕）	黄初（7）	220
明帝（曹叡）	太和（7）	227
	青龙（5）	233
	景初（3）	237
齐王（曹芳）	正始（10）	240
	嘉平（6）	249
高贵乡公（曹髦）	正元（3）	254
	甘露（5）	256
元帝（曹奂）	景元（5）	260
	咸熙（2）	264

蜀汉（221～263）

帝王名号（姓 名）	年号（使用年数）	即位时间
昭烈帝（刘备）	章武（3）	221
后主（刘禅）	建兴（15）	223
	延熙（20）	238
	景耀（6）	258
	炎兴（1）	263

吴（229～280）

帝王名号（姓 名）	年号（使用年数）	即位时间
大帝（孙权）	黄龙（3）	229
	嘉禾（7）	232
	赤乌（14）	238
	太元（2）	251
	神凤（1）	252
会稽王（孙亮）	建兴（2）	252
	五凤（3）	254
	太平（3）	256
景帝（孙休）	永安（7）	258

帝王名号（姓 名）	年号（使用年数）	即位时间
乌程侯（孙皓）	元兴（2）	264
	甘露（2）	265
	宝鼎（4）	266
	建衡（3）	269
	凤凰（3）	272
	天册（2）	275
	天玺（1）	276
	天纪（4）	277

参考文献

[1] 冯静荪，李君.资治通鉴谋略大典 [M] .郑州：中州古籍出版社，1993.

[2] （宋）司马光.资治通鉴精华 [M] . 北京：九州出版社，2005.

[3] 司马迁.史记 [M] .湖南：岳麓书社，1988.

[4] 班固.汉书 [M] .郑州：中州古籍出版社，1996.

[5] 范晔.后汉书 [M] .郑州：中州古籍出版社，1996.

[6] 四书五经 [M] .湖南：岳麓书社，1998.

[7] 陈晋.毛泽东评点二十四史 [M] . 北京：时事出版社，2011.

[8] 冯梦龙.东周列国志 [M] .湖南：岳麓书社，1990.

[9] 卢定兴，王良.五千年帝王历史演义 [M] . 北京：京华出版社，2009.